ein Winterbuch
FRIEDENAUER PRESSE

Edward Dębicki
Totenvogel

Erinnerungen

Mit einem Gedicht von
Bronisława Wajs-Papusza

Aus dem Polnischen von
Karin Wolff

FRIEDENAUER PRESSE BERLIN

Mit königlichem Siegel

Die Krzyżanowski, Wajs, Korzeniowski – das sind die Vorfahren meiner Sippe. Sie entstammten guten Zigeunerfamilien, solchen wie den Bosaki und den Warmijaki, das heißt den sogenannten *Polska Roma*. Was nicht bedeutet, dass es bei uns keine Beimischungen aus anderen Stämmen gegeben hätte, deutschen zum Beispiel, russischen oder österreichischen, Kelderascha genannt, auch wenn unsere Ältesten darauf achteten und dafür sorgten, dass diese Beimischung möglichst gering blieb. Dennoch war sie unvermeidlich, weil unser Gesetz erlaubte, Ehen durch Entführung zu schließen.

In unserer Sippe dominierte die Musik, aber es kamen auch andere Professionen vor, wie Pferdehandel und Wahrsagekunst. Die Musik ging von einer Generation auf die andere über so wie unsere Sprache. Gott sei gedankt, dass er bei unserer Sippe mit künstlerischen Talenten nicht geizt hat. Wir hatten stets gute Orchester im Tross, die die Quelle unseres Unterhalts waren; ihre Erwerbsarbeit erlaubte ein einigermaßen anständiges Leben. Diese Orchester unterschieden sich dadurch von anderen Zigeunerensembles, dass sie sechs Harfen hatten. Außer den Harfenisten waren da immer auch gute Geiger.

Unsere Orchester spielten sogar an Königshöfen, unter anderen am Hof von Marysieńka Sobieska*, die unsere Musiker mit einem besonderen Dokument bedachte, einem

Papier, das das königliche Siegel trug. Beurkundet wird das hohe künstlerische Niveau des Ensembles sowie der Umstand, dass es am Königshof gespielt hat. Das Dokument befand sich bei Onkel Dionizy Wajs (Dyźko), Ehemann der Dichterin Bronisława Wajs-Papusza, in Aufbewahrung. Während der Okkupation ging es in Wolhynien verloren, wie unsere Geburtsurkunden, Personalausweise und viele andere Papiere.

Die Harfe ist ein königliches Instrument – pflegten meine Onkel zu sagen; es bot mehr musikalische Möglichkeiten und eröffnete die Chance, an Königshöfen aufzutreten. Die Harfe spielten: die Cousins meines Vaters Tonio und Dionizy Wajs (Papuszas Mann), ihr Cousin väterlicherseits Andruszka Wajs, Józef Korzeniowski-Kalo, Romek Jaworski, Siancio Gorbanowski und Grafo Gorbanowski. Die Besten waren Andruszka und Dionizy Wajs. Immerwährend wetteiferten sie miteinander, wer der Bessere sei: Andruszka oder Dyźko. Doch Dyźko sagte selbst, dass Andruszka die bessere linke Hand hatte. Als begabtester Virtuose in der Sippe gilt Romek Wajs, der Bruder der Harfenisten Dyźko und Tonio. Er war Geiger und der am meisten gebildete Musiker. Ein gutaussehender, hochgewachsener Brünetter mit edlen Zügen, hatte er sich ganz und gar der Musik geweiht. Eine Familie zu gründen, daran dachte er nicht, doch unter dem Einfluss der Eltern nahm er dann ein schönes Mädchen zur Frau, das Ćhindyca (Jüdin) hieß. Die Ehe mit Ćhindyca schenkte ihm Glück und Zufriedenheit, aber die Musik, die er machte, erfüllte seine Hoffnungen nicht.

---

* Ehefrau des polnischen Königs Jan III. Sobieski (1621–1696).

Wenn der Tross in irgendeiner Ortschaft überwinterte, suchte sich Romek sogleich eine Gelegenheit zum Musikunterricht. Aus den Erzählungen von Dyźko und Tonio ist bekannt, dass Romeks Geigenspiel bei den Zuhörern Gänsehaut hervorrief. Er spielte so schön wie kein Zigeuner sonst in Polen, doch das befriedigte ihn offenbar nicht. Eines Tages ging er in den Wald und erhängte sich an einem Baum. Ćhindyca, die ihn über alles liebte, beschloss, nicht wieder zu heiraten, und im Sterben gebot sie, dass man ihr seine Geige in den Sarg legte.

Wir lebten im Lager nach unserem Gesetz, das die Vorväter uns als Erbe hinterlassen hatten. War es Strafe oder göttliche Wohltat, dass wir von einem Ort zum anderen wanderten, doch keinen eigenen hatten? Wir waren an dieses Leben gewöhnt, waren glücklich. In schwierigen Augenblicken linderte die Musik unseren Schmerz. Unsere Wege hatten kein Ende – wir fuhren von Dörfchen zu Dörfchen, von Städtchen zu Städtchen. Der Wald, unser Vater, nahm uns täglich auf für die Nacht. Abends auf der Lichtung schossen Zelte empor wie Pilze nach dem Regen, und der Rauch von den Feuern ließ unsere Augen tränen, um später unter die Baumwipfel zu flüchten. Wir beklagten uns nicht, wir freuten uns wie die Kinder, Freiheit erfüllte unsere Herzen mit einer wahren Freude. Mutter Natur sparte für uns nicht mit ihren guten Gaben. Den Vorvätern, die dieses romantische Leben führten, wäre niemals in den Sinn gekommen, dass wir uns einst vor dem Tod würden verstecken müssen. Die Zigeuner sind ja kein kriegslustiges Volk und hatten sich an niemandem vergangen.

Die Eltern

Mein Vater, Władysław, kam am 15. Mai 1901 in Łuck zur Welt. Seine Eltern waren Jan und Bronisława Krzyżanowski – Krzyżanowski ist eigentlich unser richtiger Familienname. Mütterlicherseits stammte Vater von den Bosaki ab und väterlicherseits von russisch-deutschen Zigeunern. Die Familie war kinderreich. Vater hatte vier Schwestern: Naćka, Józefka, Bronka, »Mucha«* gerufen, und Babulka, sowie vier Brüder: Wańka, Andruszka (noch vor dem Krieg an Typhus gestorben, mit knapp achtzehn), Kreco und Filipek. Vaters Zigeunername war Niunia. Das kam sicher von dem zärtlichen Wort her, das Kindern gilt. Er war fröhlich, lustig, mit einem großen Gefühl für Humor, doch bei ernsten Angelegenheiten entschlossen. Die Zigeuner achteten und liebten ihn.

Niunia liebte Kinder und hielt sich gern unter ihnen auf, verstand sie in die Arme zu nehmen, sie an sich zu drücken, zu liebkosen. Er war ein guter, ehrlicher Mensch. Unrecht ertrug er lieber, als es jemandem zuzufügen. Anderen gegenüber liebevoll, erzog er auch uns in diesem Sinn. Er besaß musikalisches Talent, spielte Akkordeon, konnte gut tanzen und singen.

Vaters Eltern besaßen in Aleksandria in Wolhynien ein hübsches Haus und ein paar Hektar Land. Bei der örtlichen

---

* mucha (poln.) – Fliege

Bevölkerung und bei den Zigeunern galten sie als Krösusse. Sie hatten drei Knechte, die das Land beackerten, sich um die vier Pferde und das Vieh kümmerten. Die Großeltern verbrachten mehr Zeit auf ihrer Landwirtschaft als auf der Wanderschaft. Alles war gut, bis der Erste Weltkrieg ausbrach. Damals nahmen sie Großvater zum Militär, von wo er nicht mehr zurückkehrte; er fiel im Krieg. Von diesem Zeitpunkt an begann das Gut zu verfallen, schließlich vertrieben die Bolschewiken Großmutter mit den Kindern und nahmen ihr alle Habe. Sie sagten, Zigeuner könnten einfach keine Kulaken sein, denn selbst wenn sie zu Wohlstand gekommen seien, dann mit Sicherheit bloß durch schmutzige Geschäfte. Als »gute« Seelen ließen sie ihnen Pferd und Wagen, Federbetten, Kopfkissen und Mäntel. Großmutter und die Kinder begaben sich mit anderen Zigeunern auf die ewige Wanderschaft.

Meine Mutter, Franciszka, Jewdońka für die Zigeuner, wurde am 15. Mai 1912 in Wyżogródek geboren. Ihre Eltern, Grzegorz und Maria, kamen aus der »Mittelklasse«. Meine Großmutter mütterlicherseits stammte von den Mukanen ab. Das waren Zigeuner auf ukrainischem Boden, die, weil sie sich überwiegend mit dem Mehlhandel befassten, Mukanie genannt wurden, von dem ukrainischen Wort für Mehl, *muka*. Großvater mütterlicherseits stammte von polnischen Zigeunern ab, den Raczkowskis. Er spielte gut Geige, unterhielt seine gesamte Familie ausschließlich mit Musizieren.

Meine Mutter hatte einen ganz anderen Charakter als der Vater. Man gewann nur sehr schwer ihre Freundschaft. Sie war eine energische und kluge Frau. Was sie jemandem zu sagen hatte, sagte sie ihm direkt ins Gesicht, weshalb sie weniger Anklang fand und nicht viele Freundinnen hatte. Sie war freimütig und bescheiden und sie vermied Konflikte. Sie war sehr kinderlieb, doch im Gegensatz zu Vater konnte sie das nicht zeigen. Jedes Unrecht ging ihr nahe, und sie brach allein schon, wenn jemand von seinem Kummer erzählte, in Tränen aus. Sie war fürsorglich, zog uns alle sieben groß, half sämtliche Enkelkinder aufziehen. Für uns hätte sie ihr Leben gelassen.

Tanzen wie die anderen Zigeunerinnen konnte sie nicht, dafür singen, mit einer angenehmen Stimme. Sie war eine hübsche Frau von zierlichem Wuchs. Als Wahrsagerin hatte sie Talent, Überzeugungskraft half dabei. Einmal habe ich Mama gefragt, ob es die Wahrheit ist, was sie weissagt, und woher sie das nimmt, dass alles zutrifft, was war und was sein wird.

»Schwer zu sagen«, antwortete sie, »etwas ist auf dieser Erde, was der Mensch noch nicht zu prüfen und zu erklären vermag. Wenn ich mit dem Wahrsagen beginne, weiß ich nicht, was ich sagen werde, aber wenn ich die Karten lege und anfange, dann ist es, als würde mir jemand vorsagen, und es ist, als ob die Zunge von sich aus die Worte lenkt und ausspricht, ohne mein Zutun. Ich spüre das und weiß mich da anzupassen, aber erklären? Nein. Es muss wohl eine göttliche Kraft sein.«

Mama hatte eine Schwester, Paraskiewia, Paraǹka gerufen, und einen Bruder, Kola Raczkowski, den sie in der Kindheit selten zu Gesicht bekam. In die russische Armee eingezogen, kam er dann nicht mehr wieder.

Vater bei den Soldaten

Als ich auf die Welt kam, war meine ältere Schwester Janina Krzyżanowska wohl schon drei oder vier. Das Jahr, in dem ich geboren wurde, war für unsere Familie ein glückliches. Vater verdiente gut am Pferdehandel und Mama beim Wahrsagen. Über den Sommer hatten wir so viel Geld zusammengebracht, dass wir den Winter in Ruhe überstehen konnten. Der Sommer ging zu Ende, der Herbst nahte, die Abende waren schon kühl, und die Oberhäupter begannen zu überlegen, wo man überwintern sollte.

Die Bauern sagten einen schweren, eisigen Winter voraus. Nach langen Beratungen am abendlichen Feuer beschlossen die älteren Zigeuner, in einem kleinen Städtchen mit Namen Szumsk, wo 1932 meine ältere Schwester Tańka das Licht der Welt erblickt hatte, Aufenthalt zu nehmen. Wir hatten dort schon viele Male überwintert, die Leute kannten uns und hatten keine Angst, uns ihre Wohnungen zu vermieten. Sie wussten, dass wir uns ausschließlich mit Musik und Handel befassten.

Vater mietete bei dem Landwirt, bei dem wir immer Quartier bezogen, eine Einzimmerwohnung. Viel Bezahlung verlangte der von uns nicht, weil er unsere Musik so mochte.

Von Tag zu Tag wurde es kälter, der Winter machte sich bemerkbar. Der Landwirt beruhigte uns, wir sollten nichts auf die Voraussage eines langen, frostigen Winters geben.

Für den Fall aber, dass dem doch so wäre, versicherte er uns, dass er gut vorbereitet sei. Mit einem ordentlichen Vorrat an Kohle und Holz konnte er den Winter ruhig willkommen heißen. Für das Zimmer gab er uns ein Eisenöfchen, *koza* genannt.

Dann kam der Tag, an dem so viel Schnee fiel, dass er fast bis ans Dach reichte. Allerdings war das Haus nicht hoch, nur ebenerdig – so eine Hütte mit Lehmwänden und Strohdach.

Vater ging mit dem Bauern einen Tunnel durch den Schnee schippen, damit man aus dem Haus konnte. Der Frost wurde immer strenger, in der Behausung war es kalt. Der Vorrat an Brennmaterial ging zu Ende. Unser Hausherr verdoppelte und verdreifachte sich, um Brennmaterial zu kaufen, wo sich nur die Gelegenheit bot.

Der Winter war lang und qualvoll. Die Bauern sprachen von einem Jahrhundertwinter. Endlich brach der März an. Der Frost ließ ein bisschen nach, aber es war weiterhin kalt. Sonst waren die Zigeuner im März längst in den Wäldern. Alle waren wir von diesem Winter erschöpft. Mit dem ersten April dann wurde es schön und warm, die Zigeuner begannen sich geschäftig wie die Ameisen zu regen und sich auf die Abfahrt vorzubereiten.

Wir hatten ein schönes Pferd, um das uns alle beneideten. Vater bestellte beim Sattler Zaumzeug und Halfter, die er zusätzlich mit silbernen Verzierungen beschlagen ließ, wie das damals Mode war. Als er nach zwei Wochen das Bestellte abholte, erwies sich, dass der Sattler ein wahres Kunstwerk vollbracht hatte. Zwar kostete das Kunstwerk eine Menge Geld, doch Mama erklärte, dass dieses Pferd es verdient habe.

Alle aus unserem Lager waren von dem langen Winter erschöpft. Jeder wollte so schnell wie möglich in den Wald. Dennoch mussten wir die Abfahrt um einige Tage verschieben. Einer Familie war das Pferd verendet. Sie waren mit unserer Sippe nicht verwandt, aber es war eine ruhige, gesittete Familie. Ihre Leute befassten sich mit demselben wie wir, also nahmen wir sie bei uns auf. In unserer Familie herrschte Solidarität mit allen, denen ein Unglück geschah, es war Pflicht, ihnen zu helfen. Jetzt wurde Geld für ein neues Pferd gesammelt. Nach ein paar Tagen war das neue Pferd schon vor den Wagen gespannt. Bis alles zur Abfahrt fertig war, arbeiteten alle Zigeuner emsig wie die Ameisen. Auch wir luden unser Hab und Gut auf unsern Wagen, der befreundete Hausherr half uns. Als Mama das letzte Kopfkissen aus dem Zimmer holte, weinten die Bauersleute. Wir nahmen Abschied. Alle waren abfahrtbereit und warteten auf uns. Es sollte gerade losgehen, als der Briefträger mit einem Schreiben auftauchte. Es war die Einberufung für Vater. Mama brach in Tränen aus und sagte immer wieder: »Was werden wir jetzt machen?« Die Ältesten versammelten sich. Man riet Mama, zum Militärkommando zu gehen und um Aufschub zu bitten.

Am frühen Morgen spannte Vater das Pferd an, Mama machte sich fertig, nahm die Kinder, Tańka und mich am Körper festgebunden, gab dem Pferd die Peitsche und fuhr zum Stab. Als sie an Ort und Stelle vor einem hochrangigen Militär stand, fragte der verblüfft: »Was führt denn die hübsche Zigeunerin zu mir?« Als Mama erklärte, weshalb sie gekommen war, und um Vaters Befreiung vom Militärdienst bat, bekam sie zu hören: »Aufschieben geht nicht; ihr Zigeuner seid ohne festen Wohnsitz, und wir haben nicht die Absicht, euch in den Wäldern zu suchen.« Die Militärperson riet Mama, dass sich ihr Mann so schnell wie möglich bei der Einheit einfinden sollte.

Matt und traurig kam sie heim. Alle redeten auf Vater ein, dass er sich verstecken und nicht zu den Soldaten fahren sollte. Vater ließ sich nicht überzeugen. Er hatte beschlossen, sich nicht zu verstecken. Sagte:»Wenn ich mich alle Tage aufregen und in fortwährender Angst leben soll, diene ich lieber ab. Zwei Jahre sind schnell rum und die Leute werden uns dafür achten, dass wir den Militärdienst nicht meiden.« Ganz früh nahm er den Wagen, den ihm ein Cousin bereitgestellt hatte, und zu zweit fuhren sie in die Stadt.

Bald nach Aufnahme wurde er der Kavalleriebrigade zugeteilt. Der Offizier, der ihn in Empfang nahm, sagte: »Zigeuner wissen, wie man mit Pferden umgehen muss.« Und so gab man ihm ein sehr unruhiges Tier, das sich nicht satteln ließ. Alle schielten heimlich zu Vater hin, wenn er sich in der Nähe des Pferdes zu schaffen machte; man war neugierig, wie er mit dem ungebärdigen Exemplar zurechtkam. Bei jeder Gelegenheit foppten sie ihn und bereiteten ihm allerlei Verdruss. Er hatte ziemlich zu leiden, doch er hatte sich geschworen, dass er sich nicht würde provozieren lassen. Die Zeit ging dahin und es wurde immer friedlicher, bis er am Ende sogar Kameraden fand.

Eines Tages ließ der Major Vater rufen und empfing ihn mit allen Ehren. Bei der Hochzeit seiner Tochter sollte ein Zigeunerorchester spielen. Vater bekam einen Passierschein, damit er sich auf die Suche nach seinem Tross begeben und das Zigeunerorchester herbeischaffen konnte. Nach der pompösen Hochzeit beim Major, von der Musik unseres Orchesters begleitet, die alle bezauberte, erhielt Vater vierzehn Tage Urlaub.

Der Tross wechselte Ort um Ort. Mama kutschierte und musste uns füttern und sich noch ums Pferd kümmern. Brüder und Cousins halfen, so gut sie konnten, aber sie hatten auch ihre Pflichten und Sorgen. Wenn Mama wahrsagen ging, band sie mich in einem großen Tuch um die Brust. Und während sie wahrsagte, wickelte sie mich. Kein leichtes Leben, aber sie musste sich damit abfinden. Die Monate vergingen, ich wuchs im Lager heran, im Wald, und Vater diente in der polnischen Armee. Als Zigeuner, der am meisten mit Pferden zu tun hatte, machten sie ihn zum Spezialisten – zum Pferdeberater.

Auf Urlaub erschien er in Uniform, die ihm sehr gut stand. Zu seinen Ehren veranstalteten sie im Lager einen prächtigen Empfang. Auf die Leute, die kamen, das Zigeunerleben zu begaffen, machte ein Zigeuner in Uniform ziemlichen Eindruck. Nach Rückkehr zu seiner Einheit wurde er dem 5. Ulanenregiment zugeteilt. Die nächtlichen Übungen auf dem Truppenübungsplatz begannen. Bei einer Verfolgung fiel er vom Pferd und wurde von der Lanze aufgespießt; sie zerbrach und durchbohrte ihm die Lunge. An dem Vorfall war das Pferd schuld. Vater lag drei Wochen im Spital. Sein ganzes späteres Leben klagte er über Lungenbeschwerden. Und an der Lunge starb er.

Mama hat mir erzählt, dass ich schon ungefähr zweieinhalb war, als Vater nach achtzehn Monaten Militärdienst wiederkam. Ich soll fürchterliche Angst vor ihm gehabt haben und ich ließ mich lange nicht von ihm auf den Arm nehmen. Vaters Militärdienst hat unserem Lager tatsächlich viel Achtung und Respekt eingetragen, ja sogar gewisse Privilegien. Von Stund an erledigte Vater im Namen anderer sämtliche behördlichen Angelegenheiten. Als ehemaliger Soldat wurde er überall mit der gebührenden Wertschätzung behandelt.

Mein erstes Musizieren

Ich bin am 4. März 1933, 1934 oder 1935, in Kałusz, in der Wojewodschaft Stanisławów geboren. Die zwei ersten Geburtsdaten gab mein Vater an, das dritte Mama. Und eben dieses dritte steht in meinem Personalausweis. Ich bin – ähnlich wie mein Vater – in einer vielköpfigen Familie aufgewachsen, habe vier Schwestern: Janina (Tańka genannt, 1932 in Szumsk geboren), Adela (»Myrli«, 1938 in Mikulince), Regina (1946 in Busk geboren) und Genowefa (1949 in Witnica), sowie zwei Brüder: Adam (»Dynało«, 1936 in Tłusta geboren), und Stanisław (Tuta genannt, 1942 in Uziutycze).

Zum ersten Mal kam ich in Tomaszowce, wo wir schon so manches Mal überwintert hatten, mit der Musik in Berührung. Das Orchester meiner Onkel und Cousins spielte häufig bei den verschiedensten Gelegenheiten. Einmal brachten sie am frühen Morgen nach einer langen Nacht ihre Instrumente zum Aufbewahren. Sobald sie aus dem Haus waren, hockte ich mich hinters Schlagzeug und fing an zu trommeln. Als sie da einen unbeholfen den Rhythmus schlagen hörten, kamen sie neugierig zurück, um zu sehen, wer das war. Sie lachten herzlich, weil ich nicht zu sehen war hinter den großen Trommeln. Ich schämte mich und ergriff rasch die Flucht.

»Niunia, du kriegst einen Musiker, musst dem Jungen was beibringen«, sagte Wańka, Papuszas Stiefvater.

Ich weiß noch, wie peinlich es mir gewesen war, den Onkeln in die Augen zu sehen, weil ich ihre Instrumente angefasst hatte. Sie jedoch erklärten, dass man mir zu spielen beibringen müsse, und das am besten in einer Musikschule, nicht nur nach dem Gehör, so wie sie spielten, die nicht einmal Noten kannten. Immer öfter musste ich selber an den Unterricht denken und ich quengelte Mama die Ohren voll, dass sie mich irgendwo hinschickten. Mama versprach, dass ich bestimmt Stunden bekäme, sobald wir länger an einem Ort haltmachten.

Babulka

Vaters jüngste Schwester – sehr hübsch, von anmutiger Gestalt, eine echte Zigeunerschönheit – wurde Babulka gerufen; an ihren eigentlichen Namen erinnert sich keiner mehr. Ihre Schönheit bereitete der Familie viel Verdruss. Brautwerber über Brautwerber fanden sich ein. Sie wollte auf ihre Eltern nicht hören, infolgedessen kam es fortwährend zu Streitigkeiten unter den Zigeunern. Babulka fand, dass sie noch Zeit habe und dass sie sich den Mann selber aussuchen würde – ob gut oder schlecht –, es sei immerhin ihr Leben. Doch märchenhaft gestaltete sich ihr Leben nicht. Sie wurde bald darauf Ehefrau, indem sie, wie es der Brauch wollte, mit einem hübschen Burschen davonlief, und alle dachten, dass nunmehr Ruhe wäre mit ihr, doch nach einem halben Jahr passierte allerlei Ungutes und die Ehe ging in die Brüche. Später verlor Babulka die Kontrolle über sich – sie hatte etliche Männer, von denen sie sich wieder trennte. Ihre außergewöhnliche Schönheit führte sie zu einem unbeständigen und konfliktreichen Leben.

Ich erinnere mich nur noch wie im Traum an sie, aber mir ist erinnerlich geblieben, wie oft sie mich zum Spazierengehen oder Wahrsagen mitnahm. Ich war so ein Zigeunerknäblein mit kohlschwarzen Locken und hielt krampfhaft ihre Hand, weil ich mich fürchtete, wenn uns Männer ansprachen. Manchmal hockten diese sich neben mich. »Oh, was für ein hübsches Bübchen«, pflegten sie zu sagen, wobei sie mir über die Locken strichen, was nur ein Vorwand war, um mit meiner Tante Babulka anzubändeln.

Von Zeit zu Zeit tauchte ein Pole bei uns auf, der mit den Zigeunern Pferdehandel trieb. Eines Tages kehrte Babulka vom Wahrsagen nicht zurück. Diese Nacht war für meine Großeltern traurig und schlaflos. Gleich am frühen Morgen setzte sich der Tross in Bewegung, nur drei Familien blieben, um auf Babulka zu warten. Der Tag verging, sie kam nicht wieder. Großvater meldete bei der Polizei seine Tochter als vermisst und wir folgten den Unseren. Weil jedoch die Zigeunerpost die schnellste und effektivste auf der Welt ist, erfuhren wir bereits nach wenigen Tagen, dass Babulka von einem in sie verliebten Polen, jenem Pferdehändler, entführt worden war. Ein schöner Wagen mit einem prächtigen Gespann war vorgefahren, der Pole hatte sich Babulka geschnappt, sie nach Zigeunerbrauch in den Wagen geworfen und war ins Blaue davongefahren.

Großvater regte sich dermaßen darüber auf, dass es ihn nicht an einem Fleck hielt. Schließlich ging er in die Schenke und betrank sich, was er noch nie getan hatte, weil er keinen Schnaps mochte. Bei Festlichkeiten saß Großvater für gewöhnlich auf dem Ehrenplatz, trank ein Gläschen, höchstens zwei, und rauchte seine Pfeife. Wenn eine Sache geklärt werden musste, nahm er daran teil, da er als klug galt. Als die örtlichen Streithammel Großvater so allein trinken sahen, fingen sie gleich an ihn zu belästigen und Händel zu suchen. Großvater war kräftig und hatte keine Angst vor einer Keilerei. Ständig hatte er den *desto* bei sich und handhabte ihn wie ein Samurai sein Schwert. Der *desto* ist eine gefällte junge Eiche, schön zurechtgeschnitzt, die Wurzel so sorgfältig beschnitten, dass am Ende ein kleiner

Kopf entsteht, wie bei einem Streitkolben, den man mit Fett einschmiert und behutsam über dem Feuer braun brennen lässt. Der Vorgang wird ein paarmal wiederholt, deshalb ist so ein *desto* sehr hart. Ebendieser Waffe bedienten sich die Zigeuner bei Prügeleien. Manche beherrschten den *desto* derart perfekt, dass sie sich, wenn man sie mit Steinen bewarf, zu wehren vermochten, indem sie die Geschosse wie Bälle zurückschlugen. Mit dem *desto* umzugehen war Großvaters starke Seite, deshalb wurde er mit den Raufbolden rasch fertig. Kurz darauf traf die Polizei ein und verhaftete Großvater, denn wer anders als der Zigeuner konnte schuld sein? Wir bezahlten den ganzen Schaden, der bei dem Krawall entstanden war, aber Großvater ließen sie erst anderntags frei.

Ein paar starke junge Männer, die mit Babulka verwandt waren, fanden sich zusammen, sie fuhren los, um den Polen zu suchen. Sein Glück, dass sie ihn nicht fanden. Immerhin war es für unsere Familie eine Schande, dass ein Nichtzigeuner frech eine Zigeunerin entführt hatte. Das Schlimmste jedoch war, dass sie bei ihm blieb. Die Großeltern wollten nichts mehr von Babulka wissen. Über lange Zeit hatten wir mit ihr keinen Kontakt, bis wir aus der Zeitung erfuhren, dass ein Pole, der sich mit einer schönen Zigeunerin versteckt hielt, für den Diebstahl eines Wagens und eines Gespanns steckbrieflich gesucht wurde.

Von da an bekamen wir Babulka nie wieder zu Gesicht, sie kehrte nicht zurück zu uns. Während des Krieges ist sie in Deutschland im Getto ermordet worden.

Mucha und Terenty

Vaters ältere Schwester, Bronisława Krzyżanowska, »Mucha« genannt, heiratete Terenty Jankiewicz, der von russischen Zigeunern abstammte. Sie zogen zwei Söhne groß – der ältere hieß Roman (Romek), der jüngere Dionizy. Terenty verdiente das Geld mit Geigenspiel, Mucha mit Wahrsagen.

Terenty war der typische schöne Zigeuner. Er spielte gut Geige, wollte sich aber nicht der Truppe anschließen; er spielte lieber allein. Außer der Musik waren Tiere seine große Liebe. Ein Pferd hat er allerdings nie angespannt, weil er Angst davor hatte. Alles machte Mucha. Kaum am Rastplatz angekommen, Tante Mucha war noch dabei, das Pferd auszuspannen, hatte Terenty schon die Geige unterm Arm und weg war er. Aber dafür hatten sie ein reichliches Auskommen und brauchten sich nicht zu beklagen.

Einmal, nach einem Streit, nahm Terenty seine Geige und ging seiner Wege. Ein paar Tage vergingen, doch er kam nicht zurück. Der Tross wechselte den Lagerplatz. Es war dies eine kleine, hübsch gelegene Siedlung. Allen gefiel die Gegend, folglich beschloss man, ein paar Tage zu bleiben. Abends erschienen, wie das üblich war, eine ganze Menge Leute, die auf unser Leben neugierig waren. Von denen erfuhren wir, dass abends immer ein gutaussehender Zigeuner in die Schenke kam und Geige spielte wie ein Zirkuskünstler, auf alle mögliche Art. Das war Terenty Jankiewicz, wie sich zeigte.

Als er zu Mucha zurückkehrte, brachte er zur Abbitte ein Zwerghühnerpärchen mit – einen kleinen Hahn und ein Hühnchen mit sehr hübschem Gefieder. Nach einer gewissen Zeit hatte er den Tierchen beigebracht, dass sie nicht umherlaufen durften, solange die Sachen auf den Wagen geladen wurden; sobald das Pferd angespannt war, hüpften sie auf den Wagen und ließen sich auf ihrem Platz nieder, den sie sich hinter den Federbetten gesucht hatten.

Terenty stellte das Zelt nie dicht bei den anderen Zelten auf. Er schätzte Ruhe und Frieden, mochte weder die zwischen den Töpfen umherrennenden Kinder noch die Topfgucker. Er war sehr reinlich, geradezu penibel, was schöne Kleidung und die Ordnung im Zelt anging. Häufig gab es deswegen Zank und Streit in ihrer Familie. Jedes Mal verschwand Terenty danach auf einige Tage. Mucha nahm sich das nicht besonders zu Herzen, sie wusste, er kam zurück.

Im Lager nannten sie Terenty »Herrchen«, weil er täglich sein weißes, gebügeltes Hemd und eine hübsche Krawatte haben musste. Nicht immer waren fürs Bügeln die Bedingungen da. Dann griff Mucha nach dem sogenannten Zigeunerbügeleisen, eigentlich einer Bügelmethode. Sie wusch die sauberste Stelle auf der glattgehobelten, runden Deichsel, rieb sie danach trocken, fasste dann zwei Kragenenden oder irgendeinen anderen Teil des Hemdes und zog sie mit raschen Bewegungen über das vorbereitete Deichselstück.

Terenty übertrieb mit dieser Reinlichkeit. Mucha sagte so manches Mal, dass sich selbst die Herren in der Stadt nicht so oft umzögen. Aus diesem Grund fing man an, ihm dumme Streiche zu spielen und Schabernack mit ihm zu treiben. Im Lager gab es viele Spaßvögel, zu denen unter anderen mein Vater gehörte. Terenty verstand keinen Spaß, er nahm alles ernst.

Eines Tages kam Mucha zu Vater und sagte: »Mit diesem Verrückten halt' ich's nicht mehr länger aus, in einer Tour bloß waschen und bügeln. Ich weiß nicht, das muss irgendeine Krankheit sein.«

Vater versprach, mit Terenty zu reden, doch stattdessen spielte er ihm einen übelriechenden Streich. Mama wurde geheißen, ein Kind sein Geschäft auf einen alten Lappen machen zu lassen. Terenty kam vom Spielen zurück, Vater passte auf, wann er einschlief. Dann nahm er den Lappen, schlich sich klammheimlich zu dem Schlafenden und legte ihm das Päckchen dicht an den Kopf. Der Morgen war freundlich, sonnig. Vater wartete auf eine Reaktion in der Familie der Schwester.

Nach dem Erwachen beschwerte sich Terenty sofort bei Mucha, dass da etwas abscheulich stinke, und begann fieberhaft nach der Ursache zu suchen. Als die zutage trat, beschuldigte er sogleich Andruszka Wajs. Terenty konnte ihn nicht leiden, weil der den meisten Schabernack trieb.

»Das ist Andruszkas Werk!«, schrie Terenty seine Frau an. »Das verzeih ich ihm nie, das Maß ist voll.«

»Gib Ruhe, er macht bloß Spaß, und außerdem, woher weißt du, dass er es war?«

»Du bist so blöd wie dein Cousin. Solche Späße kann er sich in die Haare schmieren.«

Hastig zog er sich an, band sich pflichtschuldigst seine Krawatte und eilte auf Andruszkas Zelt zu. Andruszka stand gerade neben seinem Zelt am Feuer und bog ein Stück Draht gerade. Terenty baute sich vor ihm auf und schimpfte:

»Du Schwein! Soll dich doch der Teufel holen!«

»Was ist denn los, Terenty?«, fragte Andruszka verblüfft.

»Was los ist? Die Scheiße, die du an meinem Kopf hingelegt hast.«

»Das war ich nicht, glaub mir.«

»Du Weiberarsch, jetzt bist du auch noch feige!«

Einen Mann *Weiberarsch* zu nennen ist eine der übelsten Beschimpfungen; schlimmer ist nur noch, wenn einer dem anderen wünscht, er möge einen anderen Teil des Frauenkörpers verspeisen – das bedeutet dann Kampf auf Leben und Tod. Ohne lange zu überlegen, zog der geschmähte Andruszka Terenty den Draht, den er in der Hand hielt, über den Rücken. Terenty krümmte sich vor Schmerz. Rasch liefen Zigeuner und Zigeunerinnen herbei, wie das meistens der Fall war, wenn irgendwo gestritten wurde. Sie glaubten, es würde zur Schlägerei kommen, und wollten Beistand leisten. Terenty schrie:

»Warte nur, du Schwein! Gleich bin ich wieder da und polier dir die Schnauze.«

Und ging zu seinem Zelt, legte Krawatte und Hemd ab, vertauschte das Hemd gegen ein weniger gutes, zog eine andere Hose an, krempelte die Ärmel auf, richtete das Haar ... Andruszka dachte, dass Terentys Wut verraucht sei, weil er so lange ausblieb, und machte sich auf ins Dorf. Als Terenty Andruszka nicht vorfand, fing er an herumzukrakeelen – um sich Mut zu machen und mehr Aufmerksamkeit auf sich zu lenken –, dass er Andruszka nicht fürchte. Letztendlich beruhigte Dyźko Terenty und verbot weitere Streiche gegen ihn. Ein paar Tage später folgten die feierlichen Abbitten, und beide spielten dann ab und an noch zusammen. Was niemandem in den Sinn gekommen wäre, trat ein – Frieden und Eintracht herrschten in der Terenty-Familie.

Dann eines Tages, der Tross befand sich im Aufbruch, packte Terenty wie üblich die Habe auf den Wagen und brach das Zelt ab. Mucha holte das Pferd von der Weide und spannte den Wagen an. Bald darauf war der Tross schon unterwegs und machte erst nach ganztägiger Fahrt halt. Nach Aufschlagen des Zeltes fiel Terenty das Fehlen von Hähnchen und Hühnchen auf. Ein furchtbarer Streit brach zwischen ihm und Mucha aus. Man suchte den Schuldigen. Terenty ließ sich nicht davon überzeugen, dass ja er es gewesen war, der den Wagen vollgeladen hatte und dabei das Fehlen des Federviehs hätte bemerken müssen. Vielmehr sagte er entschieden:

»Mucha, nani basznoren najawara i me tusa.«* Nahm seine Geige und ging. Er ist nie zurückgekehrt.

---

* »Mucha, die Hühnchen sind weg, da bleibe ich auch nicht bei dir.«

»Śpera« oder
Das Zigeunerzeichen

Eines Abends vereinbarte Vater mit den Brüdern, dass sie gleich früh aufbrechen und für uns Wegzeichen hinterlassen würden, denn Vater musste beim Schmied noch das Pferd beschlagen lassen. Gleich nach Tagesanbruch machte sich der Tross eilends auf den Weg. Vater holte das Pferd von der Weide, saß auf und ritt zur Schmiede. Als das Pferd beschlagen war, spannte Vater den Wagen an und Mama lud die Sachen auf. Wir brachen allein mit unserm einen Wagen auf. Das war misslich und traurig, wir fühlten uns wie Waisenkinder. Die Sonne brannte schon kräftig; es war offensichtlich, der Tag würde strapaziös werden. Wir legten an die acht Kilometer zurück und gelangten an einen Kreuzweg. Vater brachte das Gefährt zum Stehen und wir alle hielten nach einer *śpera* Ausschau, einem Zigeunerzeichen, das uns die Onkel hatten hinterlassen wollen, doch die Zeichen waren nirgendwo zu sehen. Dreihundert Meter von der Kreuzung entfernt fing ein Dörfchen an. Mama riet, dorthin zu fahren, weil im Dorf bestimmt jemand die Unseren gesehen hatte und uns sagen konnte, welche Richtung sie eingeschlagen hatten. Bei der ersten Hütte blieben wir stehen, sofort kam eine Frau heraus, und ihre Kinder folgten. Vater fragte, ob Zigeuner durchs Dorf gefahren seien.

»Nein, sind sie nicht«, erwiderte die Frau. »Sind an der Kreuzung bloß nach links abgebogen. Sie haben aus Gras irgendwas gemacht und mit Steinen beschwert, aber die Kinder aus dem Dorf haben ihnen die Hexerei kaputtgemacht.« Wir lachten im Stillen über die *Hexerei*. Die *śpera* ist ein vereinbartes Zeichen, von dem die Zigeuner häufig Gebrauch machten. In unserm Lager war das Zeichen ein Wisch aus grünem Gras. Den legte man an die zehn Meter von der Kreuzung weg in einen Graben am Weg, den entlang der Tross fuhr, beschwerte ihn mit Steinen, damit ihn der Wind nicht fortblies oder ihn jemand aus Versehen zerstörte. Für den Fall, dass die *śpera* zerstört oder unauffindbar war, sicherten sich die Zigeuner dadurch ab, dass sie hundert Meter weiter das nächste Zeichen legten. Jeder Stamm und jedes Lager hatte seine eigene *śpera*, manche zum Beispiel einen mit einem Lappen oder mit einer Schnur umwickelten Hühnerknochen, andere machten aus Stöckchen ein Kreuz, wieder andere bauten aus Feldsteinen kleine Hügelchen, meist drei an der Zahl, und zeichneten daneben mit einem Stock zwei Striche ins Erdreich, von den zwei Silben *da-rik*: da entlang.

Es kam vor, dass das Nichtauffinden des Zeichens die Weiterfahrt komplizierte. War an der ersten Kreuzung kein Zeichen, musste man bis zur nächsten. Schlimmer war es, wenn der seinen Tross suchende Wagen sich auf einem Weg fand, wo die folgende Kreuzung in alle vier Himmelsrichtungen ging. Dann musste man in drei Richtungen fahren und die *śpera* an der nächsten Kreuzung suchen, doch das kam nur sehr selten vor.

Im Wald bedienten wir uns anderer Zeichen. Dort, wo es weder Weg noch Steg gab, war ein Zeichen ein abgebrochener Ast, neben dem Baum hingeworfen, oder ein Hügelchen aus Zapfen.

Die betrogene Papusza

Wańka Wajs nahm noch in den zwanziger Jahren Katarzyna Zielińska zur Frau, eine Zigeunerin aus einem anderen Tross. Ihre Tochter aus erster Ehe – Bronisława Zielińska, Papusza, Puppe, gerufen – war damals kaum mehr als eine Halbwüchsige. Ein schönes Mädchen, empfindsam, ehrlich, gefühlvoll und dazu pfiffig wie ein Eichhörnchen. Im Tross fehlte es nicht an solchen, die es gern um seine Hand gebeten hätten, aber keiner der Kandidaten war nach seinem Geschmack. Papusza war ein ungewöhnliches Mädchen – es konnte lesen und schreiben. Nach dem Ersten Weltkrieg, Papusza war da ungefähr zwölf, stahl sie in Grodno Hühner für eine gewisse Ladeninhaberin, eine Jüdin, die sie Lesen und Schreiben lehrte. Die Zigeuner waren neidisch und lachten über Papusza, weil sie eine Herrin werden wolle.

Mit fünfzehn brannte sie mit Adaś durch, einem stattlichen Zigeuner aus guter Familie, aber lange hielt sie es nicht aus mit ihm, denn er war – wie die Zigeuner sagten – wild und ein primitiver Kerl. Rasch kehrte sie unter die mütterlichen Fittiche ins Lager zurück.

Dionizy Wajs (Dyźko), der Cousin meines Vaters (Dyźkos Mutter und mein Großvater waren Bruder und Schwester) und Onkel väterlicherseits von Wańka Wajs, Papuszas Stiefvater, interessierte sich für nichts außer der Musik und sein virtuoses Harfenspiel, doch als er Papusza sah, verliebte er sich auf den ersten Blick in sie. Und er schwor sich: die oder keine. Er wusste genau, dass, wenn er auf Brautwerbung ginge, wie Gott geboten, Papusza nicht einverstanden sein würde, denn obschon der Reichste im Tross, war er doch viel älter als sie.

Zu Zeiten der Wanderschaft wurden Ehen auf zweierlei Weise geschlossen: am häufigsten wurde die Entführung eines Mädchens praktiziert, wenn hingegen die Eltern der einen oder anderen Seite nicht einverstanden waren, die jungen Leute sich aber mochten, dann verschwanden sie auf ein paar Tage und kehrten als Frischvermählte zurück.

Dyźko wusste, dass Papusza meinem Vater Aufmerksamkeit schenkte. Er beschloss, dies auszunutzen und sie zu entführen. Vater überzeugte er, dass man nicht zulassen dürfe, dass sich irgendwer aus einem anderen Tross eine so hübsche Frau nahm. Er kaufte meinem Vater Anzug und Lackschuhe, ein paar feine Hemden, und letztendlich gelang es ihm, Vater zu überzeugen. Und der brachte Papusza zur verabredeten Stelle. Dort lauerten sie ein paar Tage lang, um abzuwarten, wann Papusza allein zum Wahrsagen ging. Als der Tag kam, machten sie sich daran, ihren Plan auszuführen.

Als Papusza vom Wahrsagen aus dem Dorf zurückkam, holte Vater sie auf der Bahnstation ab, nahm sie nach längerem Gespräch bei der Hand und erklärte sich ihr. Die erfreute Papusza ging mit ihm, wohin er wollte. Glücklich und vergnügt, dass sie einen Mann haben würde, der ihr gefiel, machte sie schon gleich Pläne für die Hochzeitsfeier, die richtig üppig ausfallen sollte. Unterdessen hatte der festlich herausgeputzte Dyźko ein Paar Pferde vor den Wagen gespannt, den er sich speziell hatte anfertigen lassen, mit gebogenen Schutzblechen, den sogenannten Fächern, und wartete im Schutz des Waldes. Als Papusza Dyźko erblickte, wusste sie sofort Bescheid. Sie wollte fliehen, doch gelang es ihr nicht. Vater sagte ihr, dass Dyźko ihr Mann sein werde und nicht er, und Papusza beschimpfte ihn nach Strich und Faden. Dyźko packte sie, warf sie auf den Wagen und fuhr davon. Im Lager brodelte es – die einen waren wütend, die anderen erfreut, dass Dyźko endlich eine Frau haben würde.

Nach zwei Tagen kehrte Dyźko mit seiner jungen Frau zurück. Er war 26 Jahre älter als sie. Die Hochzeit war üppig und voller Musik, so wie Papusza es sich erträumt hatte, nur dass der Ehemann nicht der erträumte war. Das war im Jahr 1933 oder 1934.

Lorka

Kozowa war ein kleines, hauptsächlich von Juden bewohntes Städtchen. Wir machten öfters dort halt, wo wir in einem Städtchen unsere Bekannten hatten. Nicht weit von Kozowa entfernt liegt Bereżany; ein paar Kilometer weiter, in Waldnähe, stand ein verlassenes Haus mit einer großen Scheune. Vermutlich eine alte Försterei. In einem Frühling, 1937 oder 1938, fuhren wir dorthin. Einige Familien belegten jeweils ein Zimmer; sie wollten wie Herrschaften wohnen, wie sie sagten. Der Rest schlug ringsum seine Zelte auf. Vater wählte einen Platz in der Scheune. Es ging fröhlich zu, unbeschwert, wie das früher oft war in unserem Zigeunerleben.

Überall auf der Welt spielen die Kinder unzählige Spiele, bei uns war *mala* das beliebteste Spiel. *Mal* heißt Kamerad, Freund, man kann *mala* also das Freundesspiel nennen. Es drehte sich hauptsächlich ums Essen. Wenn sich zwei Kameraden besonders mochten oder zwei Freunde sich gesucht und gefunden hatten, bauten sie sich voreinander auf, fassten einander mit dem kleinen Finger der rechten Hand, flochten sie ineinander und sprachen, die Hände dabei schüttelnd, den Eid:

»Mala, mala, kutyr mas, so tu chasa, mange desa; so me chawa, tuke dawa; asyr pes rozmalinesa, to chasa ćhajengere bula.«*

Ich hatte mich mit meinem Cousin Edzio Wajs »vermalt«. Das war in der Regel ziemlich beschwerlich, man musste dauernd, bei jedem Essen, an den Eid denken. Wenn Gelegenheit war, den »gemalten« Proviant gleich weiterzureichen, war alles prima; schlimmer, wenn man ihn zunächst behalten und ein oder zwei Tage aufbewahren musste. Das Essen wurde schnell schlecht und stinkig, doch man musste den Beweis behalten, um eine echte *mala* vorzuweisen.

Einmal hielt unweit der Försterei ein fremdes Zigeunerlager. Noch am selben Abend gingen alle, um Bekanntschaft zu schließen. Anderntags besuchten sie uns. Wir begrüßten sie mit Musik, natürlich gab es Tanz und Gesang beim Feuer. Solche Besuche dienten vorwiegend dem einen Zweck: nach hübschen Mädchen Ausschau zu halten und sich eine Ehefrau auszuwählen. So endete auch diese Begegnung mit einem wilden Hochzeitsfest – man nahm uns ein hübsches Mädchen, Tante Anielka Wajs' älteste Tochter, Ziarko gerufen. Die Hochzeit war großartig und würdig, sie dauerte zwei Tage.

Bei der Rückkehr von dieser Hochzeit gewahrte Vater ein neben einem Baum liegendes Dohlenküken und brachte es mit nach Hause.

»Die Mutter hat es im Stich gelassen, man muss es retten«, sagte er und zeigte die kleine Dohle vor.

Wir fingen Fliegen, allerlei Würmchen, und nach ein paar Wochen flog die Dohle schon. Wir gaben ihr den Namen Lorka. Den ganzen Sommer fuhren wir umher und

---

* »Mala, mala, Stückchen Fleisch; was du isst, gib auch mir, was ich esse, geb ich dir, entmalst (die Freundschaft verrätst), dann iss das Schlimmste: Zigeunermädchen-Po.«

Lorka blieb immer bei uns. Während wir fuhren, hockte Lorka auf den Federbetten. Wurde ihr langweilig, flatterte sie über unseren Köpfen auf und hockte sich wieder hin.

Der Winter nahte, ein Quartier für länger musste gefunden werden. Wir kehrten nach Kozowa zurück, dort hatten wir unsere bestimmten Stellen sowie Bekannte. Wir mieteten ein Zimmer. Für Lorka machte Vater neben dem Bett Platz, dicht bei uns Kindern, denn mit uns war sie am liebsten zusammen. Wenn wir aßen, fehlte auch Lorka nicht; sie klaubte sich raus, was sie nur stibitzen konnte. Das Fenster musste ständig offen stehen, weil sie den ganzen Tag umherflog und zur Nacht heimkehrte, durchs Fenster hereinflatterte und sich auf ihrem Platz niederließ.

Das vergangene Jahr war für uns Kinder nicht besonders gewesen. Auch hatten die Eltern nicht so verdient, wie sie es geplant hatten. Jetzt war bald Frühling, Vorbereitungen für die Abreise wurden getroffen. Vater und Mama saßen auf der Bank vorm Haus und überlegten, wie sie ein bisschen Geld für das Zaumzeug auftreiben konnten, das schon ganz verschlissen war. Lorka flog herzu und wieder weg, ließ sich auf dem Strohdach nieder und pickte daran herum. Vater meinte, sie bereite wohl ein Nest vor, weil es Frühling wurde. Schon vorher hatte uns Mama etliche Male gefragt, ob wir nicht das Kleingeld vom Tisch gesehen hätten.

Einige Tage vergingen. Vater saß wieder einmal mit Mama auf der Bank. Lorka kam mit großem Flügelschlag herbeigeflogen und begann etwas unter dem Stroh zu verstecken. Das machte Vater neugierig. Er holte einen Stuhl, stellte sich drauf, lugte in ihr Versteck. Er traute seinen Augen nicht, was dort nicht alles war: etliche Teelöffel, zwei silberne und ein goldener Trauring, eine Menge Münzen und billiger Glitzerkram. Die Eltern freuten sich mächtig, denn nachdem sie Lorkas Schätze verkauft hatten, reichte das Geld für ein neues Zaumzeug.

Diesen Sommer brachte uns Lorka Glück. Vater handelte wie nie zuvor, und auch Mamas Wahrsagekunst machte sich bezahlt. Wenn sich Vater auf dem Jahrmarkt aufhielt, saß Lorka die ganze Zeit über auf seiner Schulter, wollte jemand sie anfassen, flatterte sie auf, um sich gleich wieder auf der Schulter niederzulassen. Manchmal hockte sie sich, wenn wir fuhren, auf den Pferderücken, um kilometerweit so zu reisen.

Wir standen in irgendeinem Städtchen. Lorka war ausgeflogen, wie sie das immer tat. Es wurde Abend, es wurde Nacht, doch Lorka kam nicht zurück. Sie kam niemals mehr zurück. Man kann sich vorstellen, was in unseren Herzen vor sich ging. Lange Zeit bewahrten wir Lorkas sämtliche Andenken auf, kleine Gegenstände, die sie gesammelt hatte. Lorka ist eine von uns gewesen. Sie verstand in unserer Sprache beinah alles. Liebe Zigeunerlorka!

Wisła, le les

Wir hatten eine Bulldogge, eine Hündin mit weißem Fell, die wir Wisła, Weichsel, getauft hatten, weil sie uns allen so hell schien wie der Fluss. Sie kam als Welpe zu uns und sie war sehr klug. Wisła hatte eine Schwester, die ebenfalls im Lager aufgezogen worden war. Diese Schwester wurde Dzima gerufen. Obschon Geschwister, hassten sich die beiden von ganzem Herzen. Wir passten auf, dass sie nicht aufeinandertrafen; wenn das passierte, warfen sie sich in einen Kampf auf Leben und Tod. Hatten sie sich ineinander verbissen, konnte man sie nicht trennen. Auch ins Wasser werfen half nichts. Die einzige Methode war, einen Stock in die Schnauze zu schieben und das Gebiss auseinanderzudrücken. Eine Bulldogge könne von selbst den Biss nicht lockern, wenn sie die Kiefer zusammengepresst hatte, sagte man.

Wir standen bei Przemyśl. Wisła passte auf uns Kinder auf, was sie so gut machte wie sonst keiner. Vater war mit den Brüdern in die Stadt auf den Markt gefahren, und bei den Zelten waren fast nur Frauen und Kinder zurückgeblieben. Wie das immer wieder vorkam, tauchten Gaffer auf, um uns zu begucken und die hübschen Mädchen zu behelligen. Ein Mann trat an unser Feuer, hockte sich nieder und fing an, Mama auf die Nerven zu gehen. Mama bat ihn ein paarmal, seiner Wege zu gehen, doch der Kerl war so aufdringlich, dass Worte bei ihm nichts ausrichteten.

Wisła lag da und ließ die Augen zwischen diesem Menschen und Mama hin und her wandern. Die Hündin begriff offenbar, dass da was nicht in Ordnung war.

»Wenn Sie nicht sofort verschwinden, muss ich den Hund auf Sie hetzen«, drohte Mama.

Der Mann ging, aber nicht für lange; nach etwa einer halben Stunde erschien er mit einem Kumpel, der zu allem Überfluss betrunken war. Mama geriet außer Fassung, sie sagte ganz leise:

»Wisła, łe les!«*

Wie ein Blitz aus heiterem Himmel kam die Hündin über die Männer. Schon lag der eine am Boden und der andere rannte davon. Wisła holte ihn ein und riss ihm die Hose herunter, von der Taille bis zu den Fersen. Mama schrie: »Das reicht!« Wisła lief zu ihr, die Eindringlinge verschwanden spurlos. Nach einer Stunde kam die Polizei, doch als sie den Sachverhalt erfuhr, wurde die Sache niedergeschlagen. Allerdings war damit noch nicht alles zu Ende.

Am Abend tauchten reichlich Strauchdiebe auf und es kam zur Schlägerei. Die Zigeuner in unserem Lager waren tapfer und wurden mit den Eindringlingen rasch fertig. Wieder kam die Polizei und verjagte diesmal uns. Wir mussten weg, trotz der hereinbrechenden Dunkelheit. Wir zogen los auf gut Glück und machten schließlich in einem jungen Wald halt. Kaum graute der Morgen und wir rieben uns noch die Augen, als schon der Gutsverwalter mit der Polizei erschien und wir erneut verjagt wurden. Den halben Tag fuhren wir immer der Nase nach und landeten

---

* »Fass!«

schließlich in einem großen Wald. Nunmehr waren wir ruhig, glaubten uns sicher, aber wir irrten uns.

Es wurde immer später, doch unsere Frauen kehrten aus dem Dörfchen nicht zurück. Die Zigeuner spannten die Pferde an und machten sich auf die Suche. Im Dörfchen selbst erfuhren sie, dass die Polizei sämtliche Zigeunerinnen – mehr als zehn – in die Stadt mitgenommen hatte, die fünfzehn Kilometer vom Dorf entfernt war. Wie sich herausstellte, hatte ein junger Bursche die Zigeunerinnen belästigt und war von ihnen verprügelt und beschämt worden. Um in dieser unangenehmen Situation nicht sein Gesicht zu verlieren, benachrichtigte er die Polizei, wobei er behauptete, die Zigeunerinnen hätten ihn bestohlen. Nachdem die Sache aufgeklärt war und die Frauen ihre Unschuld bewiesen hatten, wurden sie freigelassen.

Die Huzulen

Wir waren den lieben langen Tag unterwegs gewesen, waren erschöpft und hungrig. Die Ältesten konnten keinen anständigen Halteplatz finden. Wir zogen durch die Karpaten, nahe der rumänischen Grenze. Die Dörfchen lagen überwiegend an den Berghängen und wurden von Huzulen bewohnt, den ukrainischen Gebirglern. Endlich kamen die Pferde zum Stehen, es wurde Abend. Wir erreichten ein paar Hütten, die da verstreut lagen.

Noch vor dieser Reise war an unserem Wagen ein Rad kaputtgegangen, alle Augenblicke fiel das Radband herunter. Vater hatte es mit Draht befestigt und begoss es immer wieder mit Wasser, damit sich das Metall nicht zu sehr erhitzte. Nachdem wir eine solche Strecke zurückgelegt hatten – im Durchschnitt legte ein Tross dreißig bis fünfzig Kilometer zurück –, hielt das Reifenband nicht mehr, vom Draht waren nur noch abstehende, spitze Stacheln übrig. Mama war mit einer Plane zum Bauern gegangen nach Heu für unser Pferd.

Meine ältere Schwester Tańka spielte mit mir – ich rannte weg und versteckte mich vor ihr hinter dem Rad. Sie hatte es vergessen und Vater hatte auch nicht gesagt, dass wir um das gefährliche Rad einen Bogen machen sollten. Als Tańka mich fand, sprang ich auf, um ihr davonzulaufen, und stürzte unglücklich, direkt aufs Rad. Die Drahtstacheln rissen mir die linke Wange so tief auf, dass man die Zähne sah. Irgendwelche Hilfe wurde geholt, solche, wie man sie in einem kleinen Bergdorf bekommen konnte.

Die Zelte stellten die Zigeuner beliebig auf, denn das stark abschüssige Gelände ließ kein ordentliches Aufstellen zu. Sie sagten sich: Wir übernachten einfach, egal wie, und morgen geht's weiter in eine hübsche flache Gegend.

Die Einheimischen kamen an unsere Feuer, unterhielten sich, schauten sich um und rieten schließlich:

»Macht eure Zelte gut fest, es sieht nach Regen aus, und wenn es hier regnet, dann immer gleich in Strömen.«

»Ja, ja, machen wir«, pflichteten die Unseren bei.

Die Zigeuner schlugen den Rat jedoch in den Wind. Tief in der Nacht, als alle süß und selig schlummerten, fing es urplötzlich an zu gießen, der reinste Wolkenbruch. In wenigen Minuten wurden Federbetten, unsere gesamte Habe von den Wasserfluten mitgerissen. Die Kinder, die zum Schlafen auf große Kopfkissen gebettet waren, schwammen mit denen zusammen davon.

Nachdem die Ältesten alles wieder eingefangen hatten und allmählich Ordnung einkehrte, wurden Riesenfeuer entfacht, um wenigstens für die Kinder etwas zum Schlafen zu trocknen. Noch am Morgen brachten die Frauen Sachen herbei, die mit dem Wasser fortgerissen worden waren. Nach der nassen Nacht erschienen die Huzulen auf ein Schwätzchen.

»So ein Regen ist hier häufig, oft gießt es wie aus Kannen«, sagten sie.

Mama hatte aus dem Dörfchen Speck mitgebracht, der beinah rot war.

»Wieso hat er so eine Farbe?«, erkundigte sie sich.

»Weil wir die Schweine mit Pferdedung füttern«, erwiderten die Huzulen.

Keiner rührte mehr diesen Speck an, Mama warf ihn weg. Eilends packten wir unsere Siebensachen und machten uns auf den Weg. Ich litt, der Kopf tat mir weh und der ganze Kiefer. Vater drang darauf, dass mich ein Arzt zu sehen bekam, was Mama ablehnte, weil die Leute meinten, dass die Wunde genäht werden müsse, und sie nicht wollte, dass man mich quälte und wie ein Ferkel zusammennähte. Nach ein paar Tagen ging es mir allmählich besser, doch bis heute ist mir auf der Wange ein Schmiss geblieben.

Zigeunerborschtsch und Tee

Einmal machten wir im Wald unweit des Städtchens Podhajcy halt. Lange konnten wir uns nicht an der Ruhe erfreuen, denn kaum waren die Zelte aufgeschlagen, wimmelte es schon von Neugierigen aus der Umgebung. Nach dem Abendbrot legten alle ihre Kinder schlafen, nur das junge Volk setzte sich ans Feuer. Meist sammelte es sich um ein einziges Feuer (am liebsten dort, wo ein hübsches Mädchen war) und erzählte sich Märchen. In unserem Lager gab es viele kreative Autodidakten, die sich im Handumdrehen etwas ausdachten, etwas erschufen.

Als der Morgen anbrach, tauchte hoch zu Ross der Waldaufseher auf und jagte uns mit Gebrüll aus dem Wald. Er ließ sich um nichts erweichen. Eine Zigeunerin beschimpfte ihn, nannte ihn einen Unmenschen, worauf er sie mit der Reitpeitsche traktierte. Der Ehemann verteidigte seine Frau und schlug den Waldaufseher. Als der endlich davongeritten war, lösten die Zigeuner eilends das Lager auf. Wir fuhren weg, weil wir Angst hatten, der Waldaufseher sei zur Polizei geritten. Den ganzen Tag über waren wir auf der Flucht, mit nur kurzen Aufenthalten, bis wir letztendlich ein Waldversteck fanden, weitab von jedem Dorf und – jedem Laden. Beim Kochen stellte Mama fest, dass sie nicht alles hatte, was sie brauchte. Wir hatten ein Huhn, Kartoffeln, Rüben, aber der Essig fehlte. Vater sagte:

»Dann trinken wir eben Tee, essen irgendetwas, um

den Magen zu beruhigen, und du kochst morgen den Borschtsch.«

Mama machte den Tee so, wie ihn die meisten Zigeunerinnen machten. Wenn kein echter Tee da war, nahmen sie Waldfrüchte, alles, was nur irgend essbar war, warfen etwas davon in abgekochtes Wasser, später bräunten sie einen halben Löffel Zucker über dem Feuer und taten ihn in einen Becher oder ein Glas mit dem Früchteaufguss. So ein Tee hatte einen sehr eigenen Geschmack.

Gleich am Morgen kochte Mama Borschtsch mit dem Huhn, ohne Essig zu haben. Dafür schickte sie die Kinder in den Wald auf die Suche nach Sauerklee. Obwohl wir lange suchten, fanden wir keinen. Mama tröstete uns:

»Keine Sorge, der Borschtsch wird auch so sauer sein.«

Als die Suppe gekocht war und nur noch gesäuert werden musste, nahm Mama ein dünnes Leinentuch sowie einen Topf mit warmem Wasser und ging in den Wald. Nach ein paar Schritten fand sie einen Ameisenhaufen. Sie tauchte das Tuch ins Wasser und bedeckte den Hügel damit. Nach einer Weile nahm sie das Tuch ab und wrang es über einem zweiten Topf aus. Das wiederholte sie ein paarmal, und danach säuerte sie mit dieser Flüssigkeit, das heißt mit Ameisensäure, den Borschtsch. Die Suppe war schmackhaft wie immer.

Die Prophezeiung

Drohobycz war eine Stadt, die berühmt war für ihre guten Märkte und ihr Zuchthaus. Die Zigeuner machten einen weiten Bogen drum herum, um nicht zufällig mit diesem Gefängnis Bekanntschaft zu schließen. Was immer Übles passierte, schrieb man uns Zigeunern zu. Einmal standen wir in einem großen Wald, an die sechzig Kilometer von Drohobycz entfernt. Wir hatten sämtliche Bequemlichkeiten: nicht weit weg gab es ein sauberes Flüsschen, ein kleines Dorf und einen Laden – unsere Männer aber zog es auf den Jahrmarkt.

Die Frauen rieten ihnen von diesem Ausflug nach Drohobycz ab, die Männer jedoch wollten nicht hören und nicht auf den vielgerühmten Jahrmarkt verzichten, setzten sich auf den Wagen, trieben das Pferd an und fuhren los. Und mit ihnen mein Vater. Anderntags wollten sie wieder zurück sein. Indessen vergingen zwei Tage, und noch immer keine Spur von ihnen. Im Lager herrschte große Aufregung. Etliche schlugen vor, sich auf die Suche zu machen oder der Polizei das Verschwinden der Männer zu melden. Irgendjemand warf ein:

»Bestimmt hat die Polizei sie eingelocht; schon beim Anblick eines Zigeuners, schuldig oder unschuldig, kriegen die doch blasse Lippen.«

Die Zigeunerinnen kamen überein, sie würden wahrsagen. Am Nachmittag versammelten sie sich und unterredeten sich erst einmal: später ließ die älteste Zigeunerin ein großes weißes Laken holen. Das breiteten sie auf einer ebenen Grasfläche aus, hockten sich nieder und breiteten die Wahrsageutensilien aus. Mit den Karten wurde begonnen, danach legten die Frauen ein Stückchen Brotrinde und eine Prise Salz vor sich hin sowie eine Handvoll schwarzer Erde und einen Blechnapf mit Wasser, in den sie glühende Holzkohle aus dem Feuer hineintaten. Die älteste Frau, wenn auch eine, deren Kopf nicht zitterte, setzte sich in die Mitte des großen Tuchs, schlug die Beine unter und ließ sich eine nach der anderen die Wahrsagerequisiten reichen. Als Erstes platzierte sie das Brot rechts neben sich, dem Brot gegenüber die Prise Salz, die Handvoll Erde folgte und ihr gegenüber zwei Stückchen Holzkohle aus dem Becher; auf diese Weise entstand ein Kreuz. Mit dem Holzkohlenwasser im Becher wusch sie sich das Gesicht.

Als alles bereit war, hieß sie die übrigen älteren Frauen rings um das Laken Platz nehmen. Sie brach ein Stückchen Brotrinde ab und fädelte es auf einen kurzen Faden. Den Faden nahm sie zwischen die Zähne, kniete sich hin und beugte sich über das Kreuz. Nach einer Weile begann sich die Rinde zu drehen. Die Wahrsagerin unterbrach die Séance und befahl, einen Moment lang den Atem anzuhalten. Als sie sich dem Kreuz wieder näherte, sprach sie die Worte:

»Dewla sykaw, Ciacipen.«*

Sie biss ganz fest auf den Faden. Die Rinde hing bewegungslos und begann kurz darauf erneut einen Kreis zu beschreiben. Immer mehr zur Erde und der Holzkohle

---

* »Zeige die Wahrheit, Gott.«

hin, doch dann hielt die Nadel inne und pendelte ganz sacht auf die Seite von Salz und Brot. Die Stirn der alten Zigeunerin war schweißnass. Jählings ließ sie den Faden los und sagte strahlend:

»Dewel dyja kaj przytradana.«*

Sie befragte noch einmal die Karten, die ihre Vorhersage bestätigten. Alle waren hocherfreut. Die ehrwürdige Matrone sagte noch, dass die Männer morgen Mittag eintreffen werden, und so war es dann auch.

---

* »Gott hat gegeben, dass sie eintreffen werden.«

Der ewige Argwohn

Ein andermal – wo wir gerade kampierten, erinnere ich nicht – hatten die ersten Funken von der Feuerstelle kaum die Dämmerung durchzuckt, als wir auch schon die Polizei auf dem Hals hatten und den Dorfschulzen mit der alten Leier:

»Wo ist euer Vorsteher und das Meldebuch?«

Nach der Kontrolle verkündete der Schulze, dass wir frühmorgens das Gelände zu verlassen hätten. Es half kein Bitten, unsere Musik interessierte ihn ebenfalls nicht, die Leute aus dem Dorf meinten, er sei ein Lumpenhund, kein Mensch, und rieten: »Lasst ihn einfach links liegen, was kann der euch schon anhaben!«

Gleich in der Früh fingen die Frauen an zu packen. Einige hatten schon angespannt, als erneut die Polizei, mit dem Dorfschulzen an der Spitze, auftauchte und sich daran machte, sämtliche Wagen zu durchsuchen. Es entstand ein missliches Durcheinander. Mit ihrem losen Mundwerk fielen die Zigeunerinnen über die Ordnungshüter her. Endlich, nach beendeter Durchsuchung, erklärten die Gesetzesvertreter, jemand habe Hühner gestohlen. Entnervt fuhren wir davon, legten dreißig Kilometer zurück und schlugen erst da das Lager auf.

An dem neuen Platz hatten wir morgens kaum die Augen aufgemacht, als uns schon wieder die Polizei umzingelte und die älteren Männer zum Verhör aufs Kommissariat schaffte. Man hielt sie etliche Stunden fest. Dabei zeigte sich, dass dort, wo wir zuvor gestanden hatten, angeblich ein Pferd gestohlen worden war. Diesmal bemühten wir uns, so lange wie es nur irgend ging zu fahren, möglichst weit weg von jenem Ort.

Dabei kamen wir an einem Feld mit sehr schön gewachsenem Klee vorbei. Vater hielt einen Bauern an und fragte:

»Wessen Kleefeld ist das?«

»Ist ein herrschaftliches vom Hof.«

Die Zigeuner kamen zu folgendem Entschluss: Zwei Tage lang haben sie uns geplagt für nichts und wieder nichts, da ist es jetzt an uns, das Unrecht wiedergutzumachen. Und sie machten sich über schon gemähten Klee her und luden ihn auf ihre Wagen. Falsche Anschuldigungen kamen häufig vor und wir mussten leiden. Die Zigeuner sind Diebe, das war das allgemein verbreitete Vorurteil; selbst wenn die Wahrheit ganz anders aussah, mussten stets wir unsere Unschuld beweisen.

Die Flucht der Braut

An einem gewissen Sonnabend spielten die Onkel schön auf, es ging fröhlich zu am abendlichen Feuer, das wie üblich nicht nur Zigeuner, sondern auch Dörfler aus der Umgebung um sich versammelte. Anderntags fuhren in einer Britschka elegant gekleidete Herren vor und bestellten unser Orchester für eine Hochzeit, bei der es so an die zwei Stündchen spielen sollte. Die Herren zahlten ein Handgeld, zahlten reichlich, ohne zu handeln.

Das Orchester wurde neben der Kirche platziert. Als die Braut herauskam, setzten die Musiker ein. Die Braut blieb bei ihnen stehen, als habe sie es nicht eilig, zu ihrem Bräutigam zurückzugehen. Zum Abschied steckte sie Dyźko irgendwelches Geld zu. In dem angenehmen Saal, wo das Hochzeitsfest stattfand, waren viele Menschen. Die junge Frau amüsierte sich und war zufrieden. Alle Augenblicke wünschte sie sich einen Csárdás, bei dem sie feuchte Augen bekam. Tonio meinte:

»Wie empfindsam sie doch ist. Sie mag Musik und kennt sich damit aus.«

Als der Braut der Schleier abgenommen werden sollte, stellte sich heraus, dass sie verschwunden war. Die Verwirrung war riesengroß. Uns wurde geheißen, ins Lager zurückzukehren. Tags darauf verließen wir diese Ortschaft. Es vergingen drei Tage, als plötzlich und unverhofft die junge Frau in unserem Lager erschien.

Zu einem früheren Zeitpunkt war eine alte Zigeunerin, die keine Kinder hatte, zum Wahrsagen im Dorf umhergegangen. Und genau diesem Mädchen hatte sie alles vorhergesagt: dass man sie zwinge, einen reichen Mann zu heiraten, den sie nicht mag, dass sie sich das Leben nehmen wolle. Das Mädchen hatte der Zigeunerin ziemlich viel Geld bezahlt, damit sie es ein paar Tage versteckte. Im Lager kam es zum Streit mit der alten Zigeunerin, doch die junge Frau legte ihn bei, weil sie alle Ungelegenheiten auf sich nahm.

Eines Tages erschien die Polizei und erkundigte sich nach der verschwundenen Braut. Die steckte in Zigeunerkleidern und unterschied sich nicht sonderlich von unseren Mädchen. Dennoch meldete sie sich, weil sie uns keinen Ärger machen wollte. Beim Weggehen sagte sie, dass sie bald wiederkäme, immerhin sei sie volljährig. Schon anderntags war sie wieder zurück, zufrieden, dass sie von nun an immer mit uns zusammen sein würde. Ihre Eltern waren von besserer Abkunft und verstießen die Tochter. Die Zigeuner nannten sie Parni, die Weiße, weil sie dunkelblond war. Nach ein paar Monaten begann sie unsere Sprache zu sprechen. Die alte Zigeunerin behandelte sie wie eine eigene Tochter. Darum lehrte sie sie auch wie eine Mutter die für eine Zigeunerin verbindlichen Grundregeln, zum Beispiel, dass es sich nicht gehört, sich in Gegenwart von Männern auszuziehen, wenn sie nicht für schamlos gehalten werden wollte; dass es sich nicht schickt, mit einem fremden Burschen zu gehen, wollte sie nicht für schlecht erzogen und liederlich gehalten werden; dass man Wäsche nicht in einem Trinkwassergefäß wäscht; dass sie, wenn sie sich zum Kartoffelschälen hinhockt, aufpassen müsse, dass nicht ihr Rock Topf und Schüssel bedeckt, und viele andere Anstandsregeln.

Als Parni zu verstehen begann, worauf die ganze Zigeunertradition beruht und wem unsere Gesetze dienen, veränderte sich ihre Denkweise. Sie gewann unsere Sitten und Gebräuche lieb und wurde eine weiße Zigeunerin. Es fanden sich sogar schon Brautwerber ein, doch davon wollte Parni lange nichts hören. Endlich kam der Tag, da Parnis Augen Stacho anblitzten, einen stattlichen Burschen aus unserem Lager. Sie heirateten nach Zigeunerbrauch, lebten einträchtig und vorbildlich miteinander. Fünf Kinder zogen sie groß – drei Söhne und zwei Töchter. Stacho ist schon tot, Parni lebt und betreut die Enkel.

Gastlichkeit

War der Tross an der Stelle angekommen, die man zum Lagerplatz ausersehen hatte, wetteiferten die Zigeunerinnen sofort miteinander, wer als Erste ein Gericht fertig hatte. Wenn das Zelt stand und das Essen gekocht war, breiteten die Frauen ein sauberes Tuch auf der Erde aus, schütteten die Speise in eine große Schüssel und stellten diese auf das Tuch. Dann lud ihr Mann, das Haupt der Familie, fröhlich und zugleich würdevoll alle Männer des Lagers ein:

»Jawem te chal rozmale!«*

Wer essen wollte, brauchte bloß seinen Löffel zu nehmen. Die Männer kamen zusammen, ließen sich um das Tuch herum nieder und aßen allesamt aus einer Schüssel. Das Fleisch, das in einer Extraschüssel lag, aßen sie mit bloßen Händen. Die Hausfrau der Familie, die alle bewirtete, war stolz, weil sie von allen Seiten für ihr Geschick im Kochen gelobt wurde. Zur gleichen Zeit gab sie in einer weiteren Schüssel den Kindern zu essen. Ganz zum Schluss, wenn alle satt waren, aß sie selber. So war die Ordnung: als Erstes die Männer, danach die Kinder und an dritter Stelle die Ehefrau.

Wenn ein Lager zum Beispiel aus zwanzig Familien bestand, und jede lud natürlich zum Essen ein, wanderte man den ganzen Abend von Schüssel zu Schüssel. So war

---

* »Kommt essen, Zigeuner!«

es alle Tage. Falls jemand sich nicht an die Regel der Gastlichkeit hielt, drohte ihm zwar keine Strafe, aber er wurde als Geizkragen und Hungerleider angesehen. Jener Brauch war ganz einfach Zigeunertradition.

Zur Schar der Esser gehörten nur die moralisch Reinen. Ein Entehrter hatte nicht einmal das Recht, sein Zelt in der Nähe von anderen Zelten aufzustellen. Entehrt war jemand, der gegen die Sitten und Gebräuche der Zigeuner verstoßen hatte.

Es gab Familien, die sehr kinderreich waren, aber die Eltern waren nicht sehr findig, so dass sie im Elend lebten. Die Zigeunerinnen halfen auf vielerlei Weise. Beispielsweise aß man bei ihnen nicht, sondern die anderen luden sie zu sich ein. Im Prinzip war es so: Wenn man jemanden zum Essen rief und der kam nicht, dann ging auch keiner zu ihm. Arme Familien betraf das nicht.

Diese Form der Gastlichkeit ist bis heute erhalten geblieben, mit dem einen Unterschied, dass man am Tisch isst und nicht aus einer Schüssel.

Krieg und Blutegel

Wir standen unweit des Dorfes Tomaszówka. Wie eh und je gingen die Zigeunerinnen wahrsagen, während die Männer, wie sie es oft taten, um Geld Karten spielten. Es kam nicht selten vor, dass einer Pferd und Wagen verspielte, doch an diesem Tag spielten sie nicht so scharf, fluchten bloß, weil immer öfter Flugzeuge tief flogen und die Pferde scheu machten. Regen zog auf. Bald goss es, kurz, aber heftig. Auf der Wiese breiteten sich große Pfützen aus. Ich zog mein Hemdchen bis zum Bauchnabel hoch und platschte darin herum.

Die Zigeunerinnen kamen in Tränen aufgelöst aus dem Dorf zurück; sie brachten eine schreckliche Nachricht: Die Deutschen hatten Polen überfallen. Es war der 1. September 1939, der Krieg hatte begonnen. Nach kurzer Beratung bauten alle schnell wie nie zuvor die Zelte ab, luden die Instrumente und all die andere Habe auf die Wagen, zogen los und begaben sich ins tiefe Innere Wolhyniens. Die Zigeuner sagten, dass Vaters Bruder Wańka sich mit seinem Tross in jener Gegend aufhalte.

Am zweiten Tag wurde ich krank und begann zu fiebern. Mama versuchte mich mit Hausmitteln zu kurieren, doch mein Zustand verschlimmerte sich. In irgendeinem kleinen Städtchen gelang es, einen Doktor aufzutreiben, der mir Tabletten gab. Nicht einmal wie sie genommen werden sollten, sagte er. So eilig hatte er es, sich auf die

Flucht vorzubereiten, dass er mich nicht untersuchte und die Eltern nicht mit ihm sprechen konnten. Die Tabletten halfen nicht und ich wurde immer schwächer, bis ich nicht mehr allein vom Wagen herunterkam und Vater mich auf den Arm nehmen musste. Mama weinte vor Angst, dass ich sterbe, weil keiner uns helfen konnte. Wir erreichten Tomaszówka und schlugen unsere Zelte auf. Mama machte sich sogleich auf die Suche nach einem Doktor oder Quacksalber und kehrte nach langer Zeit mit einer alten buckligen Frau zurück. Vater fragte:

»So da za bangica?«*

»In dem Dorf hält man sie für die beste Heilerin.«

Ein Blick zu ihr und mich grauste. Sie hatte Augen schwarz wie Kohlestückchen aus der Feuerstelle; unter buschigen Brauen eine große Adlernase; die Haare strubbelig, von einem schwarzen Tuch gehalten. Unberufen, die reinste Baba Jaga. Sie musterte mich und murmelte:

»Mager bist du, Junge, mager. Haben dir wohl nichts zu essen gegeben, was?«

Bestimmt wollte sie mir Mut machen. Sie hatte gleich gesehen, dass ich mich vor ihr fürchtete. Sie ließ mich vom Wagen herunterholen, auf eine ausgebreitete Plane legen und das Hemd ausziehen. Sie schlug ein Bündel auf und entnahm ihm ein Weckglas voller schwarzer Blutegel.

»Hab keine Angst, das ist nichts Schlimmes«, beruhigte sie mich. »Du bist doch ein Zigeuner, da sind sie dir doch schon öfters an den Beinen hängengeblieben.«

Einen nach dem anderen holte sie die Blutegel raus und setzte sie an meiner linken Seite an. Jede Berührung an

---

* »Was ist denn das für ein Schreckgespenst?«

meinem Körper erlitt ich mit Schrecken. Als sie mir acht Egel angesetzt hatte, die mein Blut saugten, konnte ich die Tränen nicht mehr zurückhalten und ich bat Gott, all das möge ein Ende haben. Das Blutsaugen allein war auszuhalten, aber wenn sich die Egel auf meinem Körper bewegten, war das für mich unerträglich. Nach rund fünf Minuten fielen die Blutegel einer nach dem anderen herunter, wie reife Birnen. Jeder war fingerdick. Die Frau nahm einen nach dem anderen, wälzte ihn in der Asche, und Blut sickerte heraus, das tiefschwarz war.

»Das da ist deine Krankheit, Söhnchen. Sie fliegt davon.«

Später legte sie die Egel zurück in das Weckglas mit Wasser. Danach ging sie auf eine Weide hinaus und sammelte Boviste – ganz reife, die man bloß anzustoßen brauchte und Puder stäubte heraus. Davon brachte sie ein paar und bestäubte jede Wunde mit diesem Pulver. Später befahl sie, grünen Wegerich aufzulegen. Nach ein paar Tagen konnte ich mich schon alleine aufsetzen und fühlte mich immer besser.

Die Zigeuner unterscheiden zwei Arten von Blutegeln: die mittelgroßen und ganz schwarzen nannten sie Zigeuneregel, und die großen, braungestreiften nannten sie *gadzitka*, Bauernegel. Weder die einen noch die anderen würde ein Zigeuner je totmachen. Es gab noch die Pferdeblutegel, groß und schwarz, mit denen Zigeuner Pferde heilten. Hatte ein Pferd die Rehe bekommen, setzten sie ihm gleich Blutegel an, um das kranke Blut abzuziehen, oder sie pappten mit Essig vermischten Lehm um die Fessel und umwickelten sie zur Nacht mit Lappen. Häufig half auch das.

Prypeć

In Tomaszówka hatten wir schon ein paarmal überwintert, deshalb hatten wir dort eine Menge Bekannte, unter ihnen ein junger Kerl, den sie Prypeć nannten; er war der Stärkste in der ganzen Gegend. Dieser Kraftmensch freundete sich mit uns und unserem Orchester an. Wenn unsere Musiker engagiert wurden, fuhr Prypeć mit ihnen mit. Für die Unseren war das die Lösung, denn so behelligte sie wenigstens keiner.

Auch bei uns gab es etliche starke Männer. Oft veranstalteten sie Wettkämpfe untereinander. Sie gingen in den Wald, wo dicke, zu Kloben geschnittene Baumstämme lagen. Den Wettstreit gewann, wer den Klotz an der dicksten Seite höher hob. Ein paar von Unseren schafften es bis in Kniehöhe, Prypeć bis zur Taille.

Prypeć mischte so manches Vergnügen auf, darum hatte er mehr Feinde als Freunde im Dorf. Einmal bat er uns, als wir aufbrachen, ihn für immer mitzunehmen.

»Hier kann ich nicht in Frieden leben«, erklärte er, »andauernd stellt sich mir einer in den Weg und will sich mit mir messen, oder er sucht Streit. Es wird noch mal was Schlimmes passieren, ich hab so eine Ahnung. Entweder füge ich jemandem Schaden zu, oder man fügt ihn mir zu.«

Es gab keine solche Möglichkeit, einen jungen Burschen, einen Nicht-Zigeuner, mitzunehmen. Keine Familie wäre damit einverstanden gewesen – in beinah jeder gab es eine heranwachsende Tochter oder eine junge Schwiegertochter, und die Anwesenheit eines jungen Fremden hätte bald zu unguten Verdächtigungen geführt. In den damaligen Zeiten waren die verbindlichen Regeln äußerst rigoros, fast übertrieben.

Als wir das nächste Mal nach Tomaszówka kamen, tauchte Prypeć nicht bei uns auf. Sie hatten ihn eines Sonntags, als er mit seinem Mädchen aus der Kirche kam, totgeschlagen. Ein paar von den kräftigsten jungen Burschen hatten sich zusammengetan und ihm aufgelauert. Sie überrumpelten ihn und schlugen ihm mehrmals mit der Hacke auf den Schädel. Blutüberströmt stürzte Prypeć zu Boden. Er röchelte, aber keiner kam ihm zu Hilfe. Man wollte seinen Tod, und er starb unter Qualen.

Ein Paganini wirst du keiner mehr

Wir gelangten zu dem kleinen Städtchen Sieniawa. Vater spannte das Pferd aus, legte ihm die Beinfessel an und ließ es auf die Weide, zu Mama sagte er:

»Nimm die Plane, wir gehen zum Bauern, Häcksel fürs Pferdefutter schneiden.«

Mama hatte dem Bauern gut gewahrsagt, daher rückte er ein Bündel Stroh raus und ließ sie an die Häckselmaschine. Mama breitete die Plane auf dem Boden aus, Vater band die Strohgarbe auf und legte sie auf die Häckselmaschine, dann schob er die Garbe mit einer Hand unter und drehte, zusammen mit Mama, mit der anderen die Kurbel. Neugierig sah ich zu, wie die geschnittenen Strohhalme, kleinen Schmetterlingen gleich, auf die Plane hinunterflatterten. Doch mit der Zeit langweilte ich mich. Ich bemerkte auf der anderen Seite der Häckselmaschine zwei große Zahnräder, bei denen die Zähnchen ineinandergriffen, trat näher heran und musterte sie ausgiebig. Die Eltern waren so mit ihrer Arbeit beschäftigt, dass sie mich ganz und gar vergessen hatten.

Ich nahm einen langen Halm und legte ihn behutsam ins Räderwerk. Es presste den Strohhalm so schön, dass er wie eine Ziehharmonika aussah. Das gefiel mir und ich legte Halm um Halm hinein, bis mich schließlich auch das langweilte. Und wenn man nun den Finger hineinsteckt? Zunächst verwarf ich den Einfall, doch nicht für lange, denn immer mehr reizte mich dieser Finger. Lange stand ich da und grübelte, bis ich mich endlich traute und einen Finger der linken Hand (die rechte Hand muss geschickter sein, überlegte ich) ins Räderwerk steckte. Als es mein Fingerchen zerquetschte, biss ich die Zähne zusammen, so fest ich konnte, und gab keinen Mucks von mir. Erst als ich den zerschmetterten Finger sah, liefen die Tränen ganz von selbst. Ich versuchte ihn zusammenzukleben. Als Mama meine über und über blutigen Hände erblickte, fing sie an zu schreien und zu weinen. Vater machte ihr Vorhaltungen, dass sie nicht aufgepasst habe. Sie brachten mich zum Arzt, der den zersplitterten Finger mit den Worten kommentierte:

»Na ja, ein Paganini wirst du keiner mehr.«

Wer dieser Paganini war, wusste ich damals nicht, und nicht, was der Doktor meinte. Zunächst goss er ein Wasser auf die Wunde, das mächtig schäumte, danach schmierte er sie mit Salbe ein und wickelte einen Verband drum herum. Jeden Tag sollte die Wunde gereinigt und mit dieser Salbe eingeschmiert werden. Ich litt, konnte nicht schlafen vor Schmerzen. Am schlimmsten war es jedoch, wenn der Verband festklebte. Dann musste man die Hand einweichen, bis er sich abnehmen ließ. Nach einer gewissen Zeit begann der Knochen zu faulen. Die Eltern suchten nach Ärzten, die knapp waren. Und wenn der Knochen brüchig wurde? Man musste fahren, die Deutschen rückten immer näher.

Allmählich begann der Finger besser auszusehen, aber er wuchs, unkontrolliert, wild zusammen. Nachts hatte ich Fieber und die Hand war geschwollen. Mama fing große Frösche, legte sie an meine Hand und umwickelte sie mit einem Lappen. So ein Umschlag hielt über die Nacht und verschaffte mir Erleichterung. Irgendwie überlebten die Frösche und kehrten am Morgen auf ihre Wiese zurück. Deswegen ist es auch noch nie passiert, dass ich einen Frosch totgemacht hätte. Der Finger heilte, sah aber hässlich aus, und so ist er bis heute geblieben. Ein Fingernagel wie der Huf bei einer Ziege ist mir gewachsen. Ich wollte so sehr gerne Geige- oder Harfespielen lernen, aber anders als meinen Onkeln waren mir diese Instrumente offensichtlich nicht bestimmt.

Kohlenjagd

Wieder einmal kamen wir nach Kozowa, um dort den Winter 1939/40 zu verbringen. Seit längerer Zeit wohnte dort Mamas Schwester Parańka mit ihrem Mann Grzesiek Korsun. Jede Familie aus unserem Tross hatte sich eine Behausung gesucht. Das war nicht weiter schwer, weil wir viele Freunde unter den Einwohnern von Kozowa hatten. In den Wohnungen war es kalt, weil es nichts zum Heizen gab; in der Stadt wurde es immer unruhiger, und immer öfter tauchten Kriegserlässe auf. Die Juden rieten uns dringend, so rasch wie möglich die Flucht zu ergreifen, weil es mit uns kein gutes Ende nehmen würde. Sie wussten besser Bescheid als wir: Das waren gebildete Menschen, die Zeitungen lasen, allerlei Warnungen, während wir Zigeuner nicht einmal unsere Namen schreiben konnten.

»Zigeuner und Juden werden sie in Lager und Gettos sperren«, wiederholten sie.

Die Zigeuner wollten nicht so recht daran glauben.

»Wir müssen bloß irgendwie den Winter überstehen«, sagten sie. »Gleich mit Beginn des Frühlings brechen wir auf.«

Der Winter war sehr hart, mitleidlos fiel der Frost über unsere Unterkünfte her, und es gab nichts, womit man hätte heizen können. Die Brüder und Bekannten von Vater riskierten nächtens ihr Leben und machten auf Züge »Jagd«, die Kohle für die Front transportierten und von den

Deutschen gut bewacht wurden. Die Unseren versuchten es sich zunutze zu machen, dass der Zug auf ansteigendem Gelände langsamer wurde. Wenn sie beobachteten, dass einer der Waggons nicht besonders überwacht wurde oder ein gutmütiger Wachposten lieber wegsah, sprangen sie auf und warfen Kohlebrocken hinunter.

Einmal ging Vater in einer dunklen, mondlosen Nacht auf »Kohlejagd«. Er hockte in der Finsternis und wartete auf den Zug. Als er ihn hörte, legte er sich auf die Lauer, ließ ein paar Waggons vorbei, wählte einen aus, der ihm am leichtesten erreichbar schien. Er fuhr hoch, um auf den Waggon aufzuspringen, bemerkte dabei den Wachmann nicht. In dem Moment, da er aufsprang, versetzte der ihm einen Fußtritt ins Gesicht. Um ein Haar wäre Vater unter die Räder gekommen. Blutüberströmt und bewusstlos lag er da, bis irgendwer ihn wiederbelebte und nach Hause brachte. Ein paar Tage musste er im Bett bleiben, sein Gesicht ein einziger Bluterguss.

Der Frühling nahte, es hieß, rasch aufzubrechen und zu flüchten, denn die Deutschen rückten immer näher. Die Juden waren schon fast alle weg. Die Ältesten berieten sich und kamen zu dem Entschluss: Wir ziehen ins östliche Wolhynien. Dort sollten wir die Unsern wiederfinden, denn wenn schon umkommen, dann gemeinsam. Ein Teil des Trosses wollte nach Włodzimierz. Dass man sich in einer großen Stadt, genauso wie in einem großen Wald, besser verstecken konnte, war die allgemeine Ansicht. Die anderen zogen die kleinen Ortschaften vor, wo es weniger Deutsche gab. Letztendlich fuhren wir alle zusammen nach Władysławówka.

Kohlendunst und Fusel

In Władysławówka kamen wir bei polnischen Familien, Bekannten von Onkel Wańka Krzyżanowski, unter. Unsere Familie bewohnte bei Herrn Bank eine Stube, in der der Backofen war. Auf der entgegengesetzten Seite der Straße hatten sich Onkelchen Wańka mit seinen Söhnen und Cousin Kuraś einquartiert.

Eines Tages, an diesen Tag erinnere ich mich genau, wollten die Erwachsenen Brot backen. Zunächst entfachten sie das Feuer, um den Ofen ordentlich vorzuheizen, formten die Brotlaibe auf dem Tisch, und was an Teig im Trog übrigblieb, kratzte ich heraus und machte mir auch Laibe, winzig kleine. Als das Feuer tüchtig brannte, scharrte der Hausherr die Glut beiseite und schloss den Ofenschacht. Die Laibe wurden auf die hölzerne Brotschaufel gelegt und rasch in den Ofen geschoben. Ich stand direkt beim Ofentunnel, und als keiner hinsah, warf ich mein Backwerk dazu. Sie schoben gerade den vorletzten Laib hinein, als sich mir der Raum vor Augen zu drehen begann. Was mit mir weiter passierte, weiß ich nicht. Draußen auf dem Hof kam ich wieder zu mir. Über mir ragten Vater und der Hauswirt mit Frau auf, während Mama mich auf dem Schoß hielt und mir einen nassen Lappen an die Stirn drückte. Bald schon fühlte ich mich wieder besser, nur der Kopf dröhnte. In der Hütte hatte man Türen und Fenster aufgemacht, damit der Kohlendunst verfliegen konnte.

Wie man später sagte, hatte Herr Bank zu rasch den Ofenschacht geschlossen.

Nicht lange danach trug der Hauswirt ein Holzfass in unsere Stube. Vater und er schütteten zusammen Roggen hinein, Zucker, noch irgendwas und gossen alles mit Wasser auf. Einige Tage stand das Gebräu da. Nachts ließ es mich nicht schlafen, weil es so mächtig blubberte, als koche da etwas. Später brachten sie eine Apparatur mit gewundenen Röhrchen. Ich erinnere mich nicht mehr so recht, was sie weiter damit anstellten, aber ich weiß noch, dass Wodka heraustropfte, nachdem die Apparatur erhitzt worden war. Vater und der Hauswirt stellten Gefäße unter, probierten, fanden es zu schwach und gossen den Gefäßinhalt wieder zurück. Das wiederholte sich ein paarmal. Ungesehen von den Erwachsenen hielt ich einen Löffel unter und kostete. Irgendwann begann ich dann zu taumeln. Mama, die nichts ahnte, rief:

»Niunia, guck doch mal, irgendwas ist mit dem Kind!«

Als mich Vater auf den Arm nahm, merkte er, dass ich betrunken war. Anderntags hatte ich schreckliche Kopfschmerzen. Damals schwor ich mir, niemals Alkohol zu trinken. Aber Vater schimpfte auch so mit mir.

Eines Morgens, es muss etwa zehn gewesen sein, fuhr vor dem Haus von Onkel Wańka ein Personenwagen vor. Gestapomänner stiegen aus und betraten rasch das Haus. Wańka war gerade nicht anwesend, folglich nahmen sie Władek Krzyżanowski und Kuraś mit, brachten sie auf die Kommandantur, um dort immer wieder nach dem Verbleib der Juden zu fragen. Die Unsern erklärten, dass sie keinen gesehen hätten; weder Władek noch Kuraś wusste, dass sich Wańka unlängst mit einem jüdischen Bekannten getroffen hatte, mit dem er vor dem Krieg im Pferdehandel gewesen war. Die Deutschen prügelten Władek und Kuraś fürchterlich. Ein Wunder, dass sie freigelassen wurden, denn überwiegend endeten solche Verhöre mit Erschießung. Bekannte halfen ihnen nach Hause. Wańka brach bei ihrem Anblick in Tränen aus. Władek und Kuraś waren nicht imstande, sich allein auf die Seite zu drehen. Wańka schwor, sobald sie wieder gesund wären, unverzüglich aus Władysławówka zu verschwinden.

»Hier beginnt es gefährlich zu werden«, behauptete er. »So sie einmal gekommen sind, können sie auch ein zweites Mal kommen. Vielleicht haben sie mit der Freilassung bloß einen Köder ausgeworfen.«

Dann brachen sie auf. Wańka versprach, ein Zeichen zu geben, wo er sich aufhalten werde. Lange hatten wir keine Nachricht von ihm. In Władysławówka blieben wir allein zurück. Immer schlimmer wurde es ringsum. Nicht mehr nur Juden ergriffen die Deutschen jetzt, sondern auch Zigeuner.

Zeit, sich auf den Weg zu machen. Wir hatten erfahren, dass Dyźko, Tadeusz und Wańka Wajs nach Włodzimierz gefahren waren. Vater und noch eine Familie beschlossen, Wańka Krzyżanowski, Vaters Bruder, zu suchen, der in Beresteczko sein sollte. Nach ein paar Tagen, als wir schon nahe dran waren, hörten wir unterwegs von Leuten, dass in Beresteczko die Deutschen waren. Wir mussten in eine andere Richtung entfliehen, doch die Deutschen waren schon überall.

Pawulkas Geschichte

Wir fuhren nachts, um so rasch wie möglich nach Włodzimierz zu gelangen, dorthin, wohin alle fuhren. Unterwegs stießen wir auf drei Zigeunerfamilien, die ebenfalls die Ihren suchten. Sie hatten Wańka und noch andere Zigeuner in Uziutycze gesehen. Also schlugen wir die Richtung nach Uziutycze ein. Unter großen Strapazen erreichten wir Ort und Stelle, fanden jedoch Wańka nicht, nur Tonio Wajs, der sich vom Tross getrennt hatte.

Uziutycze – das ist ein kleines Städtchen am Flüsschen Turia östlich von Włodzimierz. Wir zogen in eine Wohnung im ersten Stock, die von der jüdischen Familie verlassen worden war. In dieser Wohnung brachte Mama Frühling 1942 meinen jüngsten Bruder Stanisław, später Tuta genannt, zur Welt.

Dando, Tonios Sohn, hütete das Vieh bei einem ukrainischen Landwirt, der bei den Deutschen als Dolmetscher arbeitete. Eine Zeitlang hatten wir Ruhe, weder die Deutschen noch die ukrainische Polizei behelligten uns. Mutter sagte: »So Gott will, haben wir hier einen Zufluchtsort.«

Die Hauswirtin vergoss Tränen wegen der Zigeuner, doch weshalb, wollte sie nicht sagen, aus Angst, umgebracht zu werden. Wir wussten bereits, dass in Łokacz an der Chaussee von Krzemieniec nach Włodzimierz 115 Zigeuner von den Deutschen ermordet worden waren; sie hatten sich noch Gräber graben müssen.

»Warum weinen Sie denn?«, fragte Dando. Und sie darauf:

»Lieber Sohn, wenn du irgendwie Familie hast, gehe zu ihr. In zwei Wochen sollen hier sämtliche Zigeuner ermordet werden.«

Tonios Frau nahm sich das dermaßen zu Herzen, dass ihre Sinne sich verwirrten. Sie wollte uns von der Notwendigkeit der kollektiven Beichte überzeugen, weil uns der Tod erwarte.

Vater meldete sich mit Tonio und noch anderen Zigeunern zur Arbeit beim Straßenbau.

»In den Augen der Deutschen wird das ein Plus für uns sein.«

Eines Nachmittags kam Pawulka zu uns gerannt, eine Zigeunerin aus der Dydor-Familie. Verzweifelt, tränenüberströmt flehte sie uns an, möglichst schnell zu flüchten, sonst treffe uns dasselbe wie ihre Familie.

»Wir standen im Wald in Dorfnähe, nicht weit von Beresteczko«, erzählte sie, »ich war ins Dorf wahrsagen gegangen. Auf dem Rückweg zum Lager hielt mich eine ältere Frau an, beguckte mich und sagte: ›Wozu willst du dort hin? Dafür gibt es keinen Grund mehr. Die Deutschen haben die Deinen geholt und nach Beresteczko gebracht.‹ Ich warf alles hin, was ich vom Wahrsagen mitgebracht hatte, stieß die Frau beiseite und stürmte, was das Zeug hält, zur Lichtung, aber dort war keiner mehr, nur die Feuer rauchten. Hastig wandte ich mich nach Beresteczko, weil ich dachte, vielleicht hole ich sie noch ein. Ich weinte, riss mir die Haare aus, verfluchte Gott und die Welt. Ein älterer Mann, den ich traf, sagte auf Ukrainisch zu mir: ›Wo willst du denn hin? Hat doch keinen Zweck. Oder willst du hinterm Dorf ein Massengrab sehen?‹ Ich hämmerte mit den Fäusten auf den Mann ein, schließlich packte er mich, hielt mich fest und redete beruhigend auf mich ein: ›Für sie gibt es nur noch den einen einzigen Weg. Das Leiden hat ein Ende. Du bist jung, lebst, wirst noch genug Sorgen haben. In Uziutycze gibt es ein paar Zigeunerfamilien, geh zu ihnen, bestimmt wird's dann leichter.‹

Ich erfuhr später von den Leuten«, fuhr Pawulka fort, »dass gleich früh am Morgen die Deutschen gekommen waren und die jungen Männer mitgenommen hatten. Sie transportierten sie zum Dorf hinaus und befahlen ihnen, auf freiem Feld eine tiefe Grube auszuheben, an die dreißig Meter lang und zwei Meter breit. Keiner im Dorf wusste, wozu sie eine solche Grube brauchten. Um die Mittagszeit sahen die Dorfbewohner eine große Gruppe Zigeuner in Begleitung von Deutschen. Sie gingen ruhig, doch es war ihnen anzusehen, dass sie sehr verstört waren. Als sie bei dieser Grube anlangten, begann die Hölle. Die Männer warfen sich in die Flucht, doch kurze Zeit später holten Karabinerkugeln sie ein. Die Frauen knieten nieder, küssten den Henkern die Füße, bettelten um ihr Leben. Als alles nichts half, stellten sie sich, ihre kleinen Kinder an die Brust gedrückt, am Grubenrand auf und stürzten zusammen mit ihnen in die Grube. Nach Beendigung des Massakers befahlen die Deutschen den Männern, die Grube schnell zuzuschütten. Manche lebten noch, doch die Deutschen schenkten dem keine Beachtung, sondern trieben die jungen Männer ans Zuschütten. Als sie abfuhren, bewegte sich die Erde noch.«

Pawulka wollte nach Włodzimierz. Dort hatte sie entfernte Verwandte, wie sie sagte. Beim Abschied drängte sie uns noch einmal, so schnell wie möglich aus Uziutycze zu fliehen. Von ihrem Lager, das an die vierzig Familien gezählt hatte, blieben nur sie und zwei Männer, die nicht auf dem Lagerplatz waren, als die Deutschen kamen.

Tonio redete uns zu, nach Włodzimierz zu flüchten.

»Dort sind eine Menge Zigeuner und das Sterben fällt leichter«, war sein Argument.

Vater wollte nicht. Er meinte, dass ein kleines Dorf am Waldrand besser als Schlupfwinkel tauge. Im Fall der Fälle konnte man sich immer im Wald verstecken.

»Die Deutschen haben Angst vor großen Wäldern und den Partisanen«, argumentierte er.

Tonio brach nach Włodzimierz auf, aber er kam dort nicht an; letztendlich versteckte er sich anderswo. Wir als einzige Familie fuhren zu einem winzigen Dörfchen direkt am Wald.

Ein Haus mit Geistern

Im Morgengrauen flüchteten wir nach Leżachów, ein Dorf, ungefähr acht, neun Kilometer von Uziutycze entfernt gelegen. Unterwegs kamen wir an zwei einsam auf freiem Feld stehenden Häuschen vorüber. Ukrainische Zigeuner traten zu uns und rieten nach kurzer Unterredung zu schleunigster Flucht, weil die Deutschen sämtliche Zigeuner umbringen würden, wie sie das schon in vielen Ortschaften getan hatten. Sie selbst jedoch wollten sich nicht vom Fleck rühren.

»Hier sind wir aufgewachsen und hier können wir sterben. Wie soll man mit Kindern umherirren. Alles liegt in Gottes Hand«, entgegneten sie.

Wir setzten unseren Weg nach Leżachów fort, ein eher kleines, weit verstreutes Dorf – der typische ukrainische *chutor*. Es lebten hier polnische und ukrainische Familien, unter anderen die Bekannten von Wańka Krzyżanowski. Man verwies uns an ein leeres Haus, in dem noch einige Möbel standen: Bett, Tisch und Stühle, eher Schemel. Auf dem Bett eine Schütte Stroh. Nebenan wohnte ein Ukrainer, der sofort mit Vater Bekanntschaft schloss. Das kleine Haus war so gelegen, dass man die ganze Gegend sah, wenn man in den Hof trat, auch die beiden von den ukrainischen Zigeunern bewohnten Häuschen.

Es war Nachmittag. Mama machte uns das Bett und hieß uns schlafen gehen, weil wir von der Fahrt erschöpft waren. Da kam ein Ukrainer angelaufen und sagte, dass die Deutschen Richtung Leżachów fahren. Rasch zog uns Mama wieder an; wir alle hielten uns bereit und die Eltern beobachteten zusammen mit dem Besucher das Gelände, warteten auf die Nachricht, wie weit die Deutschen noch weg waren. Nach rund einer Stunde tauchten sie auf, fuhren denselben Weg, den wir bei unserer Flucht genommen hatten. Es sah ganz danach aus, als wären sie hinter uns her. Jetzt hatten sie die Häuser der Zigeuner erreicht. Nach einer Weile waren vereinzelt Schüsse zu hören, dann ein paar Minuten später ein Geschosshagel. Man sah von weitem – die Entfernung betrug etwa zwei Kilometer –, wie welche zu fliehen versuchten, doch keinerlei Chance hatten. Mühelos erreichten die Karabiner sie.

Auch nachdem die Schießerei aufgehört hatte, beobachteten wir die Deutschen genau. Sie wandten sich in unsere Richtung. Wie aufgescheuchte Vögel waren wir bereit zum Abflug, doch die Deutschen gaben sich offensichtlich mit den gerade begangenen Morden zufrieden, stiegen in ihre Autos und auf ihre Motorräder und kehrten nach Uziutycze zurück.

Vater fuhr mit ein paar Bauern zu den Zigeunerhäusern, um nachzusehen, ob noch wer lebte. Ihnen bot sich ein grauenvoller Anblick. Die meisten lagen direkt vorm Haus, ein paar im Obstgarten, wohl die, die weggerannt waren. Im Gesträuch menschliche Überreste. Die Deutschen hatten bestimmt Dumdumgeschosse benutzt, denn die Körper waren in Fetzen gerissen.

Wieder befahl uns Mama, schlafen zu gehen, die Gefahr sei vorbei. Die Dämmerung brach herein. Wir legten uns hin, konnten aber lange nicht einschlafen. Vater und Mama mit Staszek an der Brust bewachten die ganze Nacht unser Haus. Gegen Mitternacht, als die jüngeren Kinder schon schliefen, bloß ich und Tańka noch nicht, begann etwas an unserm Bett zu ruckeln. Wir dachten, das Haus stürzt ein, und schrien so laut, dass die Eltern sofort angelaufen kamen und fragten, was los ist.

»Irgendwas hat das Bett so doll gerüttelt, als wollte es uns rauswerfen«, erklärten wir. »Beim ersten Mal haben wir geglaubt, das Haus stürzt ein, aber beim zweiten Mal haben wir schon gewusst, dass mit dem Bett etwas nicht stimmt.«

Wir taten bis früh kein Auge zu. Vater machte sich ins Dorf auf, um ein anderes Quartier zu suchen. Er erzählte den Leuten, was nachts mit dem Bett los gewesen war. Da bekam er zu hören, dass der Ukrainer, unser Nachbar, ein gemeiner Schuft ist. Er hatte die Polin, der die Deutschen den Mann ermordet hatten und die allein in dem von uns eingenommenen Haus lebte, vergewaltigt. Aus Verzweiflung war die Frau auf den Dachboden gestiegen und hatte sich erhängt. Zwei Tage zuvor hatte man sie beigesetzt, das Stroh auf dem Bett lag noch da.

Während Vater im Dorf war, kam der Ukrainer zu uns und machte sich an Mama heran. Als er Vater zurückkommen sah, tat er so, als wolle er uns helfen. Mama erzählte Vater, wie es wirklich gewesen war. Papa nahm uns und wir gingen eine neue Behausung in Waldnähe suchen.

Die Leute zeigten uns ein Haus. Ein altes Ehepaar würde gern seine winzige Wirtschaft am Waldrand verkaufen, sagten sie. Vater suchte zusammen, was wir noch hatten: zwei Paar Zigeunerohrringe, einen goldenen Trauring und die Zwanzigdollar- oder Zwanzigrubelmünze. So viel bezahlte er für das Häuschen mit zwei Stuben unten und einem kleinen Zimmerchen oben sowie einem Boden. Neben dem Häuschen, eigentlich einer Hütte, bläulich weiß gekalkt, gab es ein Stück Garten mit guter schwarzer Erde. Fünfzehn Meter hinter dem Pfad wuchs ein großer Eichenwald, und wenn man von unserm Haus nach links einbog, schlängelte sich ein Flüsschen zwischen Wiesen hindurch.

Lenartowicz

Staszek fing an zu kränkeln. Vater meinte, er muss getauft werden, dann wird er wieder gesund. Nicht weit weg, ungefähr einen halben Kilometer von uns entfernt, wohnte in seiner Försterei Lenartowicz, ein Pole. Vater riet, ihn als Paten zu nehmen, als einen guten Bekannten von Bruder Wańka. Er glaubte, dass er uns immer irgendwie helfen wird und wir uns im Fall der Fälle bei ihm verstecken können.

»In diesen schweren Zeiten muss man anders denken«, fügte Vater hinzu.

Die Tauffeier war sehr bescheiden. Zuvor mussten die Eltern eine Menge Schwierigkeiten überwinden, weil es keinen Pfarrer gab, und selbst wenn es ihn gegeben hätte, hätten wir ja nicht zugeben dürfen, dass wir polnische Zigeuner sind und den rein polnischen Familiennamen Krzyżanowski tragen. Wir gaben uns als ukrainische Zigeuner aus. Vater sprach mit dem Förster. Der wusste alles von uns, ihm konnten wir vertrauen. Ich weiß nicht, wie sie das mit der Taufe gedeichselt haben, aber ich weiß, dass Staszek von einem Mann in Zivilkleidung getauft wurde – ein katholischer Priester vermutlich.

Eines Tages erschien Lenartowicz und beklagte sich, dass Übles bevorstehe. Er hatte gehört, dass die Ukrainer die Dörfchen von polnischer Bevölkerung säubern wollten. Im Weggehen sagte er zu mir:

»Komm morgen zu uns, Edek, ich gebe dir ein Stückchen Wildschwein.«

Nachmittags schickte mich Mama zu den Lenartowicz'. Der Förster hatte an diesem Tag kein Glück gehabt und nichts geschossen. Sie gaben mir zu essen und zu trinken. Es wurde schon dunkel, ich bedankte mich und ging. Um schneller zu Hause zu sein, fing ich an zu rennen. Hinter mir raschelte es, als wenn mich jemand verfolgte. Ich rannte noch schneller, aber dieser Jemand blieb mir auf den Fersen. Vor Angst und Erschöpfung war ich schon ganz schwach; ich blieb an irgendwas hängen und fiel hin. Unverzüglich verstummte das Geraschel. Erst da entdeckte ich, dass es Blätter waren, die unter den Füßen raschelten. Ich ruhte mich ein bisschen aus und schaffte es nun ganz ohne Angst nach Hause.

In Leżachów lebten wir einigermaßen friedlich. Ich weiß noch, Vater pflanzte Virginiatabak und Tabak zum Schnupfen und Mama eine Menge Gemüse. Wir hielten auch Hühner, Milch für die Kinder gab uns Lenartowicz. Polnische und ukrainische Familien freundeten sich mit uns an. Wenn irgendein Grund zur Sorge bestand, benachrichtigten uns die Leute sofort.

Einmal machten die Deutschen eine Razzia, weil irgendwer gemeldet hatte, dass es in Leżachów Partisanen gibt. Die gab es. Und zwar gut bewaffnete. In jedem Haus war eine Waffe, doch keiner ließ sich was anmerken, alles war gut versteckt. Vor der Razzia flüchteten die Jungen in den Wald und wir mit ihnen. Abends, als keine Gefahr mehr war, kehrten wir zurück.

Allabendlich kamen Ukrainer zu uns, ließen sich auf der Bank vorm Haus nieder und sangen, zumeist ukrainische

Volkslieder. Vater nannten sie »podholosnik«, das heißt der, der am höchsten singt; er hatte eine schöne, kräftige Stimme. Ich erinnere mich an Abende, an denen richtige Konzerte stattfanden. Beinah vor jedem Haus wurde gesungen. Und wie schön, wie musikalisch, wie rein führten sie die vielstimmigen Gesänge. Einfach bewundernswert! An solchen Abenden vergaßen wir die Tragödie des Krieges und alles Elend.

Schlangen und Vögel

Im Mai, als der Frühling in voller Pracht stand, lief ich mit meiner älteren Schwester immerzu in den Wald, um die Vögel beim Nestbau zu beobachten. Wir hatten schon unsere Stelle, wo es die meisten verschiedenartigen Vögel gab. Ein Vogel war besonders interessant: er nistete sehr niedrig, auf einer kleinen jungen Eiche, kaum einen Meter über dem Boden. Es war ein buntes Vögelchen. Wir gingen fast jeden Tag hin, neugierig, welche Farbe die Eier haben würden, die das Weibchen legte. Am fünften Tag war es so weit das Nest war fertig, perfekt bis zum letzten Hälmchen, und das Weibchen legte fünf kleine Eier mit schwarzen Pünktchen. Unsere Aufgabe war es jetzt, aufzupassen, wann die Küken schlüpften, und dafür zu sorgen, dass ihnen nichts geschah.

Einmal mussten wir durch hohes Gras, weil es keinen anderen Weg gab. Plötzlich stand Tańka da und quiekte. Rasch eilte ich zu ihr, um zu sehen, was los war. Meine Schwester stand wie erstarrt und vor Angst grün im Gesicht, denn über ihren Fuß kroch eine schwarze, etwa einen halben Meter lange Schlange. Ich griff nach einem Stock, aber die Schlange verschwand im Gebüsch. Tańka konnte sich nicht vom Fleck rühren, sie plärrte die ganze Zeit, bis ich ihr einen Schubs gab und sie anschrie, damit sie sich beruhigte. Das Nest im Wald ansehen wollte sie nicht mehr, und wir gingen wieder nach Hause.

Drei Tage vergingen, dann konnte ich sie überreden, wenigstens das eine Nest zu begucken. Dazu hatten wir uns mit Stöcken bewaffnet, zur Verteidigung und um uns Mut zu machen. Vier Küken hockten im Nest, mühsam hoben sie die Köpfchen, doch die Schnäbel sperrten sie so weit auf, wie sie sich nur aufsperren ließen. Nach einer gewissen Zeit bewegten sie sich schon munterer und nahmen ein hübscheres Aussehen an. Wir beschlossen, eins mit nach Hause zu nehmen, wenn sie erst richtiges Gefieder hätten, um zu zeigen, was für schöne Vögel das waren.

Wir brachen am frühen Morgen auf, gleich nach dem Frühstück. Schlichen auf leisen Sohlen, um nicht die Vogelfamilie aufzuscheuchen. Als wir noch etwa zwei Meter vom Nest entfernt waren, sprang ich wie von der Tarantel gestochen zurück. Eine große Schlange hatte sich um die Eiche gewunden und kroch hoch zum Nest. Vor Schreck wussten wir nicht, was wir machen sollten. Ich fing an, das Bäumchen mit Steinen zu bewerfen, dann stieß ich mit einem langen Stock gegen das Stämmchen. Erst als Tańka sagte, dass auf dem Baum nichts mehr zu sehen sei, schlichen wir uns vorsichtig an das Nest heran. Kein einziges Vögelchen mehr, nur ein totes lag auf dem Boden, mit Fliegen bedeckt. Betrübt traten wir den Heimweg an.

Tags darauf gingen wir erneut auf Nestersuche. Auf einer hohen Kiefer gewahrte ich ein großes Nest. Ich wollte sogleich hinaufklettern und nachsehen, welch großer Vogel es gebaut hatte. Tańka war dagegen, weil ich runterfallen und mir was tun konnte, doch ein Dickkopf wie ich ließ sich nun einmal nicht von einer zuvor getroffenen Entscheidung abbringen. Die Kiefer hatte von jeder Seite Knorren und sah wie eine Leiter aus. Da raufzukommen sollte nicht schwierig sein. Ich war barfuß, im Hemd, trug sehr weite kurze Hosen aus dünnem Stoff. Als ich schon auf halber Höhe war, schrie Tańka, ich solle nicht weiterklettern, denn die Knorren seien trocken und morsch und könnten jeden Moment abbrechen. Kaum hatte sie das letzte Wort gesagt, als unter meinen Füßen gleich zwei Knorren auf einmal brachen. Ich fiel, meine Hosenbeine füllten sich mit Luft. Tańka sagte später, dass ich wie ein Fallschirm ausgesehen habe. Ich schlug auf Waldstreu und Moos auf, was den Sturz ein wenig milderte, aber ich lag wie betäubt und die Schwester jammerte und schrie, dass ich tot sei. Als ich zu Atem kam, sagte ich, dass mir nichts fehle. Andderntags konnte ich jedoch nicht laufen, alles tat mir weh.

Es war Ende September. Im Wald gab es jetzt Pilze und Haselnüsse in Hülle und Fülle. Wir, das heißt alle Kinder außer Staszek, der noch Milch von Mamas Brust trank, begaben uns in den Wald zum Haselnüssesammeln. Wanderten von Haselstrauch zu Haselstrauch, aßen zuerst und pflückten dann für zu Hause, soviel nur ging. Adela war klein und konnte noch nicht schnell laufen. Das hielt uns ein bisschen auf. Irgendwann fand Adela ein Waldfröschchen und nahm es zum Spielen in die Hand. Dabei pisste ihr das Fröschchen ins Auge und die Kleine fing an zu weinen und sich zu beklagen, dass ihr die Augen brennen. Weinend trippelte sie hinter uns her, bis sie schließlich aufhörte zu weinen.

Uns machte das Pflücken solchen Spaß, dass wir immer tiefer in den Wald vordrangen. Plötzlich merkten wir, dass Adela nicht da war. Erschrocken begaben wir uns auf die Suche, konnten sie aber nirgends finden. Es wurde allmählich dunkel. Wenn sie nun einer gefressen hatte oder entführt? In Tränen aufgelöst gingen wir zu der Stelle zurück, wo das mit dem Fröschchen passiert war. Und siehe da – sie schläft in einer kleinen Mulde. Wir dankten Gott mit einem Gebet, dass wir sie wiederhatten.

Ein ganz schlechter Mensch

Seit wir in das Haus am Wald gezogen waren, vergaßen wir so manches Mal, dass Krieg war. Wenn die Menschen des Abends bei ihren Behausungen sangen und der Wald diese Konzerte weithin trug, wurde einem so licht ums Herz. Nur die Musik unseres Lagers fehlte und die richtigen Zigeunerabende mit Streitereien und Kindergeschrei. Mama sagte immer wieder:

»Mit Gottes Hilfe geht der Krieg zu Ende und alles wird wieder, wie es früher war, und die Räder unserer Wagen drehen sich auf den Wegen ins Unbekannte.«

Von Zeit zu Zeit kam uns zu Ohren, dass die Deutschen und die ukrainische Polizei Zigeuner und Juden ermordeten. Wir wussten, dass in Włodzimierz unsere Verwandten in einem deutschen Restaurant spielten und dass ein Teil der Zigeuner mit Juden zusammen im Getto arbeitete. Der Herbst stand vor der Tür, wir besaßen bescheidene Wintervorräte. Eines Tages kam ein Bauer angelaufen, um uns zu sagen, dass irgendwelche dunklen Typen nach uns gefragt hätten. Es musste sich um Zigeuner handeln, so wie ihr Aussehen beschrieben wurde. Vater meinte, sie sollten kommen.

Fast im selben Moment klopfte es, Vater machte die Tür auf, und da stand Bruder Wańka mit seinen Söhnen Władek und Rysiek sowie zwei anderen Zigeunern. Die ganze Nacht erzählten sie von ihren Sorgen und davon, wie in der Gegend von Dereźno die Deutschen ein ganzes Lager aus dem Wald geholt hatten.

Siebzig Familien wurden aufs freie Feld hinausgeführt; sie mussten eine große Grube ausheben und sich am Rand aufstellen. Ermordet wurde zu dem Zeitpunkt niemand, alle bloß ins Getto von Kostopol gebracht und später ins Getto Siedliszcze. Frauen und Männer wurden getrennt und mit Juden zusammen in besonderen Unterkünften untergebracht. In diesem Getto wurden junge Zigeunerinnen und Jüdinnen vergewaltigt. Später kam im Getto Ołyk, wo die Deutschen sehr viele Zigeuner ermordeten, die Mutter von Władek und Rysiek um, Wańkas Frau, die sie Córka nannten. Sie ging mit dem zehnjährigen Töchterchen Fredzia, einem vierjährigen Söhnchen und mit der Schwiegertochter Docia, Władeks Frau, zugrunde.

Am darauffolgenden Tag gingen jene beiden Zigeuner nach Włodzimierz, und Wańka mit den Söhnen blieb. Sie mieteten sich bei Bekannten ein, arbeiteten beim Bauern und lebten dort eine gewisse Zeit.

Einmal begaben sich Władek und Rysiek ans Flüsschen, um zu baden. Mich nahmen sie mit. Alles war gut, solange sie badeten. Als sie mir das Schwimmen beibringen wollten, begann für mich der Schrecken. Władek hob mich auf die Schultern und ging so ins Wasser. Im flachen Wasser saß ich noch ruhig. Dann aber fingen sie an, im tiefen Wasser rumzualbern. Sie tauchten mit mir unter, amüsierten sich darüber, wie ich zitterte und nach Luft schnappte. Aber die Strafe folgte auf dem Fuß. Der Ukrainer tauchte auf und hielt ihnen vor, dass sie ihm das Gras zertrampelten. Er log, da war gar kein Gras, bloß Sand. Ein Wort folgte dem anderen, und schließlich prügelte er sich mit

Władek. Władek war stark, er warf den Ukrainer zu Boden und ging ihm an die Kehle. Rysiek konnte den Bruder kaum losreißen. Ins Wasser gingen wir nicht mehr.

Ich weiß noch, wie eines Tages das Pferd aufs Feld des Ukrainers lief. Der sprang sogleich herzu mit großem Geschrei und prügelte mit einem Stock auf Vater ein. Er wusste genau, dass der sich nicht wehren würde, weil sein Sohn *sotnik** bei den Bandera-Leuten** war. Mir tat Vater leid und ich platzte fast vor Wut, weil ich ihm nicht helfen konnte. Diesem Schuft zünd' ich die Hütte an, wenn wir von hier verschwinden, dachte ich. Er war der schlechteste Mensch, den ich kannte. In der Nacht bat ich Gott, dass ihm was Schlimmes zustößt.

Und dann erfuhren wir, dass ihm die Deutschen bei einem Gefecht den Sohn getötet hatten. Der Ukrainer fuhr mit einer ganzen Abteilung von Bandera-Leuten, um den Leichnam heimzuholen. Auf dem Rückweg stießen sie auf polnische Partisanen, die sie zersprengten. Unser Nachbar kam bei seinem Fuhrwerk um, ihn zerriss eine Granate. Ich nahm es mir ein bisschen übel und ich hatte Gewissensbisse, weil vielleicht ich von Gott dieses Unglück erbeten hatte.

Mama beruhigte mich:

»Es kommt, wie es das Schicksal einem bestimmt. Alles liegt in Gottes Hand. Und der Mann war ein Lump, dafür hat Gott ihn bestraft.«

---

* Anführer einer Hundertschaft
** Stepan Bandera (1909–1959), Anführer einer faschistischen ukrainischen Organisation; Morde an der poln. Zivilbevölkerung (1943–1944). Nach dem Krieg lebte er in der Emigration.

Lońka

Lenartowicz kam mit der Nachricht, dass ein Zigeunerlager eingetroffen sei, an die dreißig Leute. Abends gingen wir zu ihnen, Wańka mit seinen Söhnen ebenfalls. Wir saßen bis spät. Sprachen über alles, am meisten darüber, wie die Deutschen und die Bandera-Leute Zigeuner und Juden ermorden. Früh am Tage begannen die Zigeuner aus dem Lager ihre Kleidung zu verkaufen oder gegen Lebensmittel einzutauschen. Nach Zigeunerbrauch – oder vielleicht eher gemäß der persönlichen Bedürfnisse – konnte man auf Pferd, Wagen und andere Dinge verzichten, aber goldene Ohrringe mussten die Zigeunerinnen haben. Im Dorf machte die Neuigkeit die Runde, dass im Wald bei der Försterei der Lenartowicz' ein Zigeunerlager steht.

»Die sind reich, haben viel Gold«, schwatzten die Leute.

Es handelte sich um ein Lager von Zigeunern von guter Abkunft, sie nannten sich Pachowiacy. Unter ihnen lebten die hübsche Zigeunerin Perełka und ihr früherer Ehemann Lońka. Nachmittags kam Lońka auf eine Unterhaltung zu uns. Seit dem frühen Morgen fühlte er sich irgendwie unruhig. Lońka erzählte, dass er diese Nacht Albträume gehabt hatte. Er ließ sich auf der Pritsche nieder, die Vater selbst aus Brettern zusammengenagelt hatte. Mama gab ihm was zu trinken. Er sprach mit Vater über den Krieg.

»Wann wird er zu Ende sein, damit man endlich wieder

normal leben kann und keine Angst mehr haben muss?«, sinnierte er.

»Du kannst dich leichter verstecken, Lońka, du bist allein auf dich gestellt, schlimmer ist es mit einer ganzen Familie.«

»Ich weiß, Onkel, aber die Angst ist dieselbe, ob man allein ist oder in der Gruppe. Verzeih mir, Onkel, aber seit dem frühen Morgen habe ich eine solche Unruhe in mir. Nachts haben mich böse Träume verfolgt, ich bin todmüde.«

»Das kommt alles von den Nerven, von der ewigen Angst«, kommentierte Mama.

Lange unterhielten sich die Männer und rauchten dabei Zigaretten aus Eigenproduktion, von dem guten Virginiatabak aus unserem Garten.

Wir mussten auf Vaters Geheiß die Tabakblätter pflücken und auf Fäden ziehen, später hängte er sie selber an der Wand auf, zum Trocknen, doch nicht ganz, denn wenn die Blätter zu ausgetrocknet waren, zerbröselten sie. Man musste aufpassen und Blatt auf Blatt legen. Ich sehe vor mir, wie Vater Zigaretten machte – er rollte ein Tabakblatt zusammen und schnitt es mit einem scharfen Messer sehr fein, dann trocknete er den Schnitt und schließlich wickelte er eine Portion in ein Stückchen Zeitung und rauchte.

»Wir standen im Wald bei Horochów«, berichtete Lońka. »Wir waren über zwanzig Familien. Die Frauen gingen ins Dorf, um etwas zum Essen für die Kinder zu erbetteln. Als sie zu einer Hütte kamen, in der eine Polin mit ihrem ukrainischen Mann und vier Kindern lebte, bekamen sie zu hören: ›Verschwindet von hier, so schnell ihr könnt, denn vor ein paar Tagen haben die Deutschen bei Horochów eine

Menge Zigeuner ermordet; im Dorf ist ukrainische Polizei, die den Deutschen dient.‹ Unsere Frauen kamen verweint zurück und erzählten davon. In großer Hast packten wir zusammen. Wir wollten gerade los, als wir Deutsche auf uns zufahren sahen. Die Autos hatten noch nicht richtig gehalten, als die Hitlerleute schon herausgesprungen waren und ›Hände hoch!‹ brüllten. Wir warfen uns in die Flucht. Wem es gelang, schnell tief in den Wald zu flüchten, kam mit dem Leben davon, alle Übrigen wurden geschnappt. Ältere Frauen und Männer, und auch die Kinder wurden auf zwei Autos geladen, ein Extrawagen war für die blutjungen Mädchen und hübschere junge Frauen bestimmt. Die zwei Autos fuhren in eine Richtung, der Wagen mit den Frauen in eine andere, in die Stadt. Wie wir später erfuhren, sind alle hinter dem Dorf, nicht weit vom Wald ermordet worden; die Mädchen, die sie zu ihrem Vergnügen gebrauchten, sind später ebenfalls umgekommen. Nur fünf Familien sind übriggeblieben. Ich weiß nicht, wohin mit mir. Weiß nicht, warum Gott mich zurückgelassen und mich nicht zusammen mit ihnen zu sich geholt hat ...«

Lońka verstummte; nach einer Weile sagte er zu meinem Vater:

»Onkel, ich gehe nach oben auf den Boden und mache ein Schläfchen im Heu; bei uns im Lager kommt man ja nicht zur Ruhe.«

Mama gab ihm ein Laken und ein Kopfkissen, aber Lońka nahm nur das Kopfkissen; er trug einen langen Schafpelz und mit dem deckte er sich zu. Während Lońka bei uns schlief, fielen Bandera-Leute über das Lager her. Die Zigeuner flüchteten in den Wald und etliche versteckten sich bei Lenartowicz in der Scheune. Die Ukrainer nahmen alles mit, was ihnen an Wertvollem in die Hände fiel, dann griffen sie sich einen Pferdewagen und kehrten ins Dorf zurück, in die Luft ballernd zur Abschreckung. Lońka hörte die Schüsse und rannte nach draußen. Als er den Wagen voller Bandera-Leute sah, wollte er hinter unser Haus und dann weiter ins Freie flüchten. Die Ukrainer bemerkten ihn, sprangen vom Wagen und schrien:

»Stij, bo budem strelaty!«*

Lońka rannte, was seine Beine hergaben. Einer der Ukrainer kniete sich mit einem Knie hin, zielte und schoss. Er traf Lońka in den Rücken. Die Kugel, die vorn wieder austrat, zerriss ihm den Bauch, dass die Eingeweide herauskamen. Lońka stolperte ein paar Schritte vorwärts und stürzte dann rückwärts hin. Die Ukrainer liefen herbei, und als sie merkten, dass sie diesem Jungen das Leben genommen hatten, fragten sie immer wieder:

»Warum bist du bloß weggelaufen, warum?«

Lońka bat nur, dass sie ihn töten. Der Ukrainer, der sah, dass dem Angeschossenen nichts mehr helfen konnte, wandte den Kopf ab und schoss. Sie zogen Lońka den Schafpelz aus und nahmen ihn mit. Sie kamen noch zu uns und befahlen, ihn zu vergraben. Ein paar Zigeuner gruben zusammen mit Vater ein Grab. Sie begruben Lońka nicht weit von unserm Häuschen entfernt unter einer großen Eiche.

Noch am selben Abend verschwand das Zigeunerlager nach Włodzimierz. Uns war traurig zumute. Wer immer nach draußen ging, musste das Grab sehen. Wańka sagte ein ums andere Mal, dass es gefährlich geworden sei.

---

* »Stehenbleiben oder wir schießen!«

»Wir sollten auch nach Włodzimierz. Wenn schon umkommen, dann mit der ganzen Familie.«

»Warten wir noch ein paar Tage. Wir wollen sehen, vielleicht beruhigt es sich ein wenig«, entgegnete Mutter.

Lenartowicz hatte sich schon von uns verabschiedet und hatte Leżachów verlassen. Vater riet Wańka, schon nach Włodzimierz zu fahren, wohin er selbst in ein paar Tagen nachkäme.

Wańka reiste mit seinen Söhnen ab und wir blieben. Fühlten uns aber unwohl zwischen lauter Ukrainern, denn die Polen verschwanden jetzt ebenfalls aus dem Dorf. Schließlich und endlich fuhren auch wir. Wir stahlen uns nächtens nach Włodzimierz, dort hielten wir uns bei Tante Bronisława (Mucha) auf.

Nach kurzer Zeit wurde die hübsche Perełka die Frau von Władek Krzyżanowski.

Auf Gnadenbrot

In Włodzimierz blieben wir den Winter 1942 und den Frühling 1943. Anfänglich hielten wir uns bei Vaters Schwester Mucha auf, die mit Mutter und zwei kleinen Söhnen in der Młynarska-Straße wohnte. Später wohnten wir in einem Häuschen, in dem eine jüdische Familie gelebt hatte. Unglücklicherweise lebte auch Großmutter Bronia, Vaters Mutter, bei uns. Die stammte von Bossaken ab, sehr aggressiven Zigeunern, die an vielen Schlägereien beteiligt waren. Ich habe am eigenen Leibe die Bossakenhand erfahren. So manches Mal bekamen ich und meine Geschwister Hiebe von Großmutter, für nichts und wieder nichts.

Alle Zigeuner mussten damals schon weiße Flicken auf die Ärmel genäht haben. Alle erwachsenen Zigeuner leisteten im Judengetto Zwangsarbeit. Dafür erhielten sie Gerstenbrot und ein bisschen Zucker. Vaters ältester Bruder, Wańka Krzyżanowski, arbeitete bei einem Friseur. Ständig sagte er, dass er, wenn ein Deutscher kommt und sich auf den Stuhl setzt, und er hält das Rasiermesser in der Hand, kaum der Versuchung widerstehen kann, es ihm über den Hals zu ziehen. Die Onkel spielten in einem deutschen Restaurant. Vater arbeitete mit zwei Neffen, Rysiek und Władek Krzyżanowski, in der Fabrik DEP, wo Teile für Eisenbahnfahrzeuge hergestellt wurden, und später in einer Fleischerei. Einmal hatte der Deutsche, der die Fleischerei leitete, zur eigenen Belustigung eine Schaufel auf die

Hochspannungsdrähte gehängt und Rysiek befohlen, sie herunterzuholen. Alle schrien:

»Rysiek, mach das nicht, der Strom bringt dich um.«

Der Deutsche beharrte auf dem Seinen. Vater bat ihn, doch seinen Entschluss zu ändern: »Das ist doch noch ein Kind, gerade fünfzehn.« Wütend stieß der Deutsche Vater beiseite und begann mit einem Stock, der ihm in die Hand gefallen war, auf Rysiek einzuprügeln. Anderntags wies er beide ins Getto ein. Die meisten Juden waren schon abgeholt und ins Unbekannte transportiert worden.

Vater gab einer jüdischen Familie einen Laib Brot und ein ukrainischer Polizist sah das. Er brachte Vater zur Kommandantur der deutschen Polizei. Dort misshandelten sie ihn und sperrten ihn ein. Er sollte mit Juden zusammen abtransportiert werden, wahrscheinlich nach Auschwitz. In das deutsche Restaurant, wo die Onkel spielten, kam jeden Abend ein SS-Mann, der ein Liebhaber unserer Musik war. Ihn baten die Onkel, Vater sein Verschulden nachzusehen. Tags darauf kam Vater zurück, grün und blau geschlagen. Als er lag, musste ihn Mutter von einer Seite auf die andere drehen, weil er selber nicht dazu imstande war.

Die Juden waren mittlerweile sämtlich abtransportiert worden, die Gettos standen leer. Die Zigeuner wurden eingesetzt, um die Öfen auseinanderzunehmen und die Kacheln auf Autos zu laden, die sie dann später irgendwohin brachten. Einmal holten sie fast alle Zigeuner und schlossen sie im Getto ein, auf zwei Tage. Es hieß, wir sollten zur Arbeit oder weiß der Teufel, weggeschafft werden, doch in der Nacht traf ein ganzer Transport von Juden ein, also bekamen die Zigeuner den Befehl, wieder nach Hause zu gehen. Nachfolgend arbeiteten die Zigeuner mit den

Juden zusammen im Getto und sie setzten die öffentlichen Wege instand.

Mit jedem Tag nahm der Hunger zu. Wir bekamen weniger Brot und Zucker, mussten dafür mehr arbeiten.

Der Tag war hell und sonnig, aber Großmutter war finster. Irgendwas missfiel ihr; sie fing mit Vater Streit an, schrie herum, dass sie zu Mucha zurückgeht, weil sie es hier mit diesen Bastarden, mit uns also, nicht mehr aushalten kann. Vater bat sie zu bleiben. Mucha habe schließlich auch zwei Kinder. Großmutter ließ sich nicht überzeugen, nahm ihr Bündel und ging.

An einem Tag ermordeten die Deutschen in einer Kiesgrube in Włodzimierz Bronka – eine Zigeunerin nicht aus unserer Familie –, ihren Mann und drei Kinder. Wir waren mächtig erschrocken, warteten, wann sie zu uns kommen. Doch offenbar waren die Deutschen mit den Juden beschäftigt, denn momentan ließen sie uns in Ruhe. Mit Sicherheit waren wir als Nächste an der Reihe.

Einmal wurden alle Zigeuner zur Instandsetzung der Eisenbahnschienen, die die Partisanen zerstört hatten, zur Stadt hinausgebracht. Vater und Rysiek Krzyżanowski (nach dem Krieg nannte er sich Jaworski) blieben auf Befehl im Getto zurück und sollten dort Kachelöfen auseinandernehmen. Ihr Aufpasser war ein Ukrainer im Dienst der Deutschen. Als sie beim Mittelteil angekommen waren, zeigte sich nach dem Entfernen einer Kachel der Kopf eines mächtig behaarten Menschen. Es war ein Jude, der sich im Ofen ein Versteck eingerichtet hatte. Beim Anblick von Vater und Rysiek fragte er, ob jetzt der Krieg aus ist.

»Nein, noch nicht«, antwortete Vater und hieß ihn sich verstecken. Der Ukrainer jedoch hatte den Juden bemerkt und befahl ihm rauszukommen. Der Mann flehte, man solle ihn nicht an die Deutschen ausliefern.

»Ich geb euch das Gold, das ich verstecken konnte. Aber lasst mich«, bettelte er.

Der Ukrainer nahm die Mütze ab und der Jude musste alles Gold und alle Erzeugnisse aus Gold hineinlegen. Als der Jude nichts mehr hatte, leerte der Ukrainer die Mütze und stopfte sich mit den Preziosen die Taschen voll. Vater und Rysiek befahl er, den Mund zu halten, wofür er ihnen ein Armband gab. Den Juden nahm er mit und lieferte ihn den Deutschen aus. Rysiek hielt das nervlich nicht aus und er sagte einem Deutschen alles, wobei er das Armband vorwies, das er fürs Schweigen erhalten hatte. Der Deutsche befahl dem Ukrainer, die Tasche zu leeren, nahm ihm das Gold weg und Vater und Rysiek erhielten zur Belohnung ein Brot.

Todesqualen in einer Schule

Nach vielen tragischen Ereignissen gelangte die Zigeunerin Gula nach Włodzimierz; sie erzählte:

»Wir wurden von Bandera-Leuten geschnappt, eigentlich holten sie uns aus dem Wald, in dem wir standen. Sie brachten uns zu einem kleinen Dorf, ich weiß nicht einmal, wie das Dörfchen hieß. Sie trieben uns alle, zusammen mit Kindern und Greisen, in die Schule. Schlossen Türen und Fenster. Besetzten alle Ausgänge. Sie warteten eine Stunde, vielleicht länger. In seiner Angst zählt der Mensch die Zeit nicht. Sie kamen mit einem Fuhrwerk, das mit einem Fässchen Benzin beladen war, gossen es rund um die Schule aus und zündeten es an. Was im Inneren vor sich ging, dafür gab es keine Worte – ein einziges unmenschliches Kreischen und Schluchzen und Weinen. Einige wollten zu den Fenstern hinaus, wurden aber sogleich von Äxten oder Forken und auch die eine oder andere Kugel getroffen.

Ich hatte mich in eine Nische beim Ofen gedrückt, also fing bloß mein Rücken an zu brennen. Ich bat Gott, dass ich taub oder ohnmächtig werde, um nicht zu hören, was ringsum geschah. Als ich dachte, dass ich den Schmerz nicht länger aushalte, fiel jemand auf meinen Rücken und erstickte etwas die Glut. Ich bekam keine Luft mehr. Hastig kroch ich aus diesem Versteck, das Gesicht mit einem Tuch bedeckt, rannte ich zu einem Fenster, das keine Läden mehr hatte. Ich sprang hinaus und rannte in den Wald.

Keiner verfolgte mich oder schoss. Stundenlang irrte ich durch den Wald, konnte den Weg nach Włodzimierz nicht finden, bis Gott mir endlich half, dass ich jetzt bei euch bin.«

Tag für Tag weinte Gula und klagte:

»Wozu lebe ich allein auf dieser Welt, wo doch meine ganze Familie ermordet wurde? Ich kann nicht friedlich einschlafen. All das habe ich immer vor Augen. Wenn mich Gott aus dieser Welt nehmen wollte, dann würde ich bestimmt nicht so viel leiden.«

Vom Vater begraben

Seit sie auf der Welt waren, die Brüder Edźko und Stacho, liebte ihr Vater, Zoga Jaworski, sie mehr als sein Leben. Er kümmerte sich um sie, trug sie auf dem Arm, spielte mit ihnen. Noch ahnte niemand, welches Schicksal ihnen bestimmt war. Wenn Zoga gewusst hätte, dass er seinen Söhnen mit den Händen, die sie getragen und liebkost hatten, das Grab würde graben müssen, er hätte sich diese Hände abhacken lassen.

In der Kriegszeit war Edźko neunzehn geworden, Stacho war zwei Jahre älter. Trotz ihres jugendlichen Alters hatten sie sich bereits hübsche Zigeunermädchen erwählt und zur Frau genommen. Edźko wohnte bei seinen Eltern in der Garnciarska-Straße, und nicht weit weg wohnte eine Volksdeutsche, die mit ihren Gefühlen für Edźko und Stacho nicht hinterm Berg hielt. Zoga ermahnte die Söhne, sich nicht mit ihr einzulassen, ihr aus dem Weg zu gehen.

Die Volksdeutsche besorgte den Brüdern eine bessere Arbeit im Getto, doch umso dreister machte sie sich an die beiden heran. Ostern 1943 stand vor der Tür. Die Volksdeutsche beorderte Edźko zu sich, aber er ging nicht. Als er am anderen Morgen im Getto erschien, wurde er sogleich auf die Polizei geholt und einer schlechteren Arbeit zugeteilt. Zoga sagte:

»Das ist übel, die hat schon so manchen ins Jenseits geschickt. Das kann sie auch mit uns machen. Sohn, du musst nett zu ihr sein. Schwindle, betrüge, alles, damit sie uns in Ruhe lässt.«

Direkt am Osterfest kamen die Zigeuner zusammen und teilten das Brot. Es war sehr traurig, und es gab viele Tränen. Die Ältesten sprachen:

»Sohn, um sie nicht zu erzürnen, musst du zu ihr gehen. Du bist ein Mann, dir fällt kein Zacken aus der Krone. Du rettest deine Haut und unsere auch.«

Die Eroberungsgelüste der Volksdeutschen nahmen ein solches Ausmaß an, dass Edźko unbedingt bei ihr wohnen sollte. Nach dem bescheidenen Osterfrühstück trank Edźko ein paar Gläschen von etwas Stärkerem und ging zu ihr. Nach längerer Unterredung erklärte er, dass er nach Zigeunersitte nicht bei ihr wohnen dürfe, dass unser Gesetz dies verbiete. Natürlich log er. Er bat sie, ihn in Ruhe zu lassen, und kehrte heim zu den Seinen.

Noch am Nachmittag desselben Tages schickte die Volksdeutsche erneut nach Edźko. Als er ablehnte, verging keine halbe Stunde, bis SS-Männer mit zwei Autos auftauchten und eine Treibjagd auf die Zigeuner veranstalteten. Wem zu fliehen gelang, hatte Glück. Kein Glück hatten an diesem Tag Edźko und sein Bruder Stacho. Edźko schnappten sie gleich, Stacho rannte weg und versteckte sich zu Hause unterm Federbett. Die Deutschen fanden ihn und führten ihn und alle Zigeuner, derer sie hatten habhaft werden können, auf den kleinen Platz nahe bei Zogas Häuschen. Edźko und Stacho stellten sie an die Wand. Zoga bat die Deutschen und die Frau um das Leben seiner Söhne. Ein Deutscher schlug Zoga mit dem Gewehrkolben auf den Kopf, so dass er für eine Weile das Bewusstsein verlor, und in diesem Moment fielen die Schüsse. Stacho war sofort tödlich getroffen, Edźko, in den Kopf geschossen, fiel und blieb reglos liegen.

Die SS-Männer waren längst abgefahren, als Edźko aufschaute und um Wasser bat. Hätten die Zigeunerinnen leise und verstohlen gehandelt, wäre Edźko wohl am Leben geblieben. Doch der Volksdeutschen fiel auf, dass die Zigeunerinnen Edźko Wasser brachten, und sie wandte sich an ein paar Deutsche, die Edźko den Rest gaben und noch dem Vater befahlen, die eigenen Söhne zu begraben: Sie standen da und warteten, dass Zoga das Grab aushob. Zwei ältere Zigeuner halfen ihm. Als die Grube ausgehoben war, ließ Zoga seine Frau zwei weiße Laken bringen. Der Schmerz zerriss ihm die Brust. Diese Volksdeutsche würde von seinen Händen den Tod finden, das wusste er schon jetzt. Und dieses Wissen gab ihm Kraft. Er wickelte Edźko in ein Laken, danach Stacho, und legte die beiden nebeneinander. Beim Zuschütten des Grabes wurde er ohnmächtig und stürzte. Als er wieder zu sich kam, waren keine Deutschen mehr da und der Grabhügel hatte Form angenommen. Nur Muta, die Mutter der Erschossenen, kniete bei ihren Söhnen und betete.

»Dewla soskezalijan len ternen a man pchuria mekcian«*, schluchzte die Frau.

Über ein Monat war seit der Tragödie vergangen und die Volksdeutsche begann sich immer häufiger auf der Straße zu zeigen, allerdings in deutscher Begleitung. Zoga lag mit den Zigeunern allabendlich auf der Lauer, doch es wollte sich keine günstige Gelegenheit bieten, um die Frau zu

---

* »Gott, warum hast du sie, die Jungen, geholt und mich Alte zurückgelassen?«

töten. Einmal kehrte sie erst spät in der Nacht zurück. Die Zigeuner im Hinterhalt beobachteten, dass sie von zwei Deutschen begleitet wurde, aber nur bis zur Pforte. Die Begleiter verabschiedeten sich und gingen. Gerade als die Frau die Haustür aufschloss, erhielt sie unversehens einen Schlag mit einer Eisenstange. Sie verlor das Bewusstsein und stürzte zu Boden. Als sie wieder zu sich kam, spürte sie, wie ein Lederriemen ihr den Hals zuschnürte. Zoga sagte:

»Lockert den Riemen, soll sie langsam krepieren. So wie meine Söhne.«

Nona, mein Taufpate, sowie Edźkos und Stachos älterer Bruder ließen nicht locker, sondern zogen den Riemen nur noch fester an. Als die Frau schon kraftlos war, nahmen sie sie und warfen sie in den Brunnen auf ihrem Hof. Anderntags flüchteten die Zigeuner, die in dieser Straße wohnten, in eine andere Stadt.

Ein menschlicher SS-Mann

Wieder einmal begannen die Deutschen Juden abzutransportieren. Die Juden hatten uns davor gewarnt, im Getto zu arbeiten, und uns geraten zu fliehen.

»Uns schaffen sie weg und euch holt man an unserer statt.«

Doch die Zigeuner glaubten nicht daran und gaben zur Antwort:

»Vielleicht lassen sie uns ja. Wir spielen im deutschen Restaurant und arbeiten für sie.«

Ein paar Tage später war das Getto leer. Das Restaurant betrat ein SS-Mann, der Abend für Abend kam, um die Onkel spielen zu hören. Nach ein paar Gläschen ging er zu ihrem Tisch, was er bislang noch nie getan hatte, setzte sich und befahl aufzuspielen. Andruszka sagte in unserer Sprache:

»Seht mal, er hat feuchte Augen.«

Andruszka, der Deutsch konnte, hakte nach:

»Der werte Herr liebt unsere Musik, nicht wahr?«

»Ja, das tue ich. Ihr spielt sehr schön. Ich bin auch Musiker. Spiele Klavier.«

Sie spielten für ihn noch ein paar hübsche Stücke, und er, obschon er sich schämte, konnte die Tränen nicht zurückhalten. Sie fragten ihn nicht. Der SS-Mann war zutiefst ergriffen. Nach einer Weile sagte er:

»Schade um euch, ihr seid gute Musiker.«

Später, nach weiteren Gläschen, öffnete er sein Herz. Tags zuvor waren seine Frau und sein Töchterchen bei einem Bombenangriff umgekommen. Er lauschte noch ein wenig der Musik, spendierte den Onkeln Wodka, gab ihnen etwas Geld, verabschiedete sich und ging.

Zwei Abende blieb er weg, doch am dritten kam er, mit noch einem Deutschen, und ging geradewegs auf den Tisch der Onkel zu. Verschiedene Speisen und Alkohol wurden bestellt. Die Onkel spielten auf seinen Wunsch hin Montis Csárdás, unterhielten ihn und seinen Kameraden, bis das Lokal geschlossen wurde. Der Kamerad war schon hinausgegangen, da näherte sich der SS-Mann Andruszka und sagte:

»Ich achte euch und liebe eure Musik, aber ihr müsst weg, denn wir haben den Befehl erhalten, morgen alle Zigeuner ins Getto zu bringen. Ich bedaure, dass ich nicht mehr eurer Musik lauschen kann. Verschwindet von hier, der Tod ist für euch nah.«

Er verabschiedete sich und verließ das Lokal. Die Onkel waren schon ganz ungeduldig, weil sie so rasch wie möglich nach Hause wollten. Draußen goss es in Strömen, Blitze durchzuckten den Himmel, aber sie warteten nicht ab, bis das Unwetter aufhörte, sondern gaben schnellstmöglich den Zigeunern von der drohenden Gefahr Bescheid. Alle versammelten sich in einer Wohnung, bereit zur Flucht bei Tagesanbruch.

Mama machte uns Kindern auf dem Fußboden ein Lager zurecht. Die Mütter blieben bei ihren Kindern, nur die Väter wachten und berieten sich, wohin wir am besten fliehen sollten. Ich schlief nicht gern mit jemandem zusammen, Vater vielleicht ausgenommen, und konnte es absolut nicht leiden, wenn mich eines der Geschwister im Schlaf mit Arm oder Bein berührte. Ich kriegte immer eine Gänsehaut. Es war vielleicht zwei Uhr in der Nacht. Ich konnte nicht schlafen, weil ich immerzu daran denken musste, was aus uns wird. Indessen hatte sich der schlafende Adam ausgestreckt und seine Beine dicht an meine geschoben; blitzschnell stieß ich ihn beiseite. Im Schlaf schob er seine Beine immer wieder zu mir, und ich stieß sie immer wieder weg. Mein Bruder glaubte einen bösen Geist am Werk und fing an laut zu schreien, dann taten Cześka und Bielak es ihm nach, noch andere Kinder schlossen sich ihnen an. Dass Adam schrie, begriff ich ja, aber warum die anderen? Mich grauste und so fing auch ich an zu schreien, vermutlich am lautesten.

Durch die Straße patrouillierten die Deutschen. Damit der Lärm sie nicht anzog, versuchten uns die erschrockenen Väter zu beruhigen. Tonio kam zu mir, faltete die Hände; in dem Moment durchbohrte ein Blitz den Himmel und in seinem Leuchten kam mir Tonio wie ein Teufel vor. Und ich schrie natürlich noch lauter. Alle rannten aus der Wohnung, bis Mama mir ein Kissen auf den Kopf schlug und mein Gesicht damit bedeckte. Ich beruhigte mich, die übrigen Kinder ebenfalls. Wir warteten auf das Morgengrauen, auf das Verschwinden der deutschen Patrouille, um dann in den Wald zu flüchten, zu den polnischen Partisanen. So hatten es die Ältesten beschlossen.

Auf der Spur der Verbrannten

Es begann zu dämmern. Die Onkel packten ihre Instrumente ein; die Harfen bereiteten die meisten Schwierigkeiten. Pferde und Wagen ließen wir zurück, mit ihnen wären wir schwerlich den Deutschen entschlüpft. Reisefertig warteten wir nur noch auf die passende Gelegenheit. Plötzlich tauchte SS auf, ein großes Auto. Sie hielten unweit unseres Hauses. Wir waren sicher, dass sie uns ins Getto holen wollten. Sie jedoch blieben eine Zeitlang stehen, überlegten und fuhren wieder ab. Vor Angst und Schrecken hatten wir nicht die Kraft, uns in Bewegung zu setzen, aber es wurde schon hell. Dyźko rief aus: »Los, gehen wir! Gott behüte uns und unsere Kinder.« Er nahm die Harfe auf den Rücken. Papusza redete ihm zu, das Instrument dazulassen, aber Dyźko wollte davon nichts hören. »Die Harfe ist wie ein Mensch für mich«, sagte er. »Ihr haben wir es zu verdanken, dass wir in schweren Zeiten durchgehalten haben.«

Am schwierigsten war es, die Hauptstraße zu überqueren, doch endlich hatten wir es geschafft, die Stadt lag hinter uns. Fast vier Stunden gingen wir querfeldein, bis wir auf einen Pfad gelangten, der in Waldnähe zu einem Dörfchen führte, das schon von weitem zu sehen war. Vater meinte, dass wir unsere Dokumente mit den polnischen Namen vernichten sollten, ein anderer, dass man sie besser an einer gekennzeichneten Stelle vergrub, um nach Kriegsende zu ihnen zurückkehren zu können.

Wir gingen an einem Birkenwäldchen vorbei, am Wegrand wuchs eine große Eiche. Wir hatten keinen Spaten, um eine Grube für die Dokumente zu graben. Mit Messern machten die Männer eine große Vertiefung in der Erde, sammelten alle Dokumente ein, wickelten sie in ein Tuch, legten sie in die Grube und schütteten sie mit Erde zu. Wir gingen noch etwa einen Kilometer. Unversehens sprang uns eine Gruppe von Bandera-Leuten an, mehr als fünfzig. Die schrien:

»Ruki wwierch!«*

Mit erhobenen Händen wurden wir Richtung Dorf abgeführt. Das Wäldchen endete und vor uns tat sich eine große Lichtung auf. Dort angekommen, umzingelten uns die Bandera-Leute und warteten auf einen Befehl, was mit uns geschehen sollte. Vater, der Ukrainisch sprach, fragte:

»Was wollt ihr von uns? Wir sind ukrainische Zigeuner, aus Włodzimierz, auf der Flucht vor den Deutschen.«

Ein Ukrainer ging zu Vater und schlug ihm mit voller Wucht mit der Faust ins Gesicht.

»Solche ukrainischen Zigeuner wie euch haben wir schon verbrannt und euch erwartet dasselbe.«

Jetzt wussten wir, dass es der Ort war, an dem sie in der Schule etliche Zigeunerfamilien verbrannt hatten, doch wie das Dorf hieß, wissen wir bis heute nicht. Weinen und Klagen setzten ein, die den Bandera-Leuten offensichtlich auf die Nerven gingen, denn sie traten und schlugen uns. Jeder Dritte von ihnen hatte einen Karabiner, die Übrigen Forken, Äxte, Messer. Die Zigeuner flüsterten untereinander:

---

* »Hände hoch!«

»Wir lassen uns nicht irgendwohin bringen, wo sie uns bei lebendigem Leibe verbrennen können. Wenn wir umkommen sollen, dann hier, an Ort und Stelle. Wir werden uns wehren, so gut wir können.«

Man verständigte sich untereinander, wie und was – ein paar Männer und Frauen würden sich auf Bewaffnete werfen, um wenigstens einen oder zwei Karabiner zu beschaffen. Als eine der Zigeunerinnen ihrem Mann ein Messer zusteckte, merkte das einer von den Bandera-Leuten und durchschoss dem Mann die Hand, und Tonios Harfe warf er um und zerschnitt mit einem Messer alle Saiten.

Dann erschien ein Ukrainer hoch zu Ross. Er rief, polnische Partisanen griffen das Dorf an, und Geschieße setzte ein. Die Bandera-Leute eilten zu Hilfe. Rasch wollten wir zurückweichen, als wir aus dem Dorf eine große Gruppe Partisanen kommen sahen, mit weißroten Armbinden. Sie schrien:

»Stehenbleiben! Lauft nicht davon! Wir sind Polen.«

Wir weinten vor Glück. Als sie schon ganz nahe waren, erblickten wir Wańka, Vaters Bruder. Die ganze Nacht gingen wir bis Rasławice. Die Hälfte des Weges eskortierten uns die Partisanen. Es war vier Uhr morgens, als wir in dem Dorf eintrafen.

Hanf und Fische

In Rasławice lebten Polen und Ukrainer. Wir sagten ihnen die ganze Wahrheit. Dass wir Künstler sind, dass wir aus Włodzimierz geflohen sind, weil uns die Deutschen ermorden wollten. Überwiegend polnische Familien nahmen uns auf, einige sogar in ihre Wohnungen. Unser und Drożdżas nahm sich ein Pole an, der Frau und zwei Kinder hatte. Wańka Wajs wohnte bei einem Ukrainer, der bei den Bandera-Leuten Anführer war und hundert Männer kommandierte. Er besorgte unserem Orchester Auftritte in der Schule. Die Onkel spielten fast jeden Abend, wofür sie Lebensmittel bekamen, die sie unter uns aufteilten. So lebten wir eine Zeitlang. Der *sotnik* wiederholte des Öfteren, dass man, auch wenn der Krieg andauert, die Menschen ein wenig aufheitern muss, denn demnächst werden wir die *Samostijnu Ukrainu* (Freie Ukraine) haben.

Bei unserem Wirt hinter der Scheune gab es auf einem Stück Wiese einen kleinen See, in dem er Hanf einweichte. Nachdem der Hanf ein paar Tage lang geweicht hatte, zog er ihn heraus, breitete ihn zum Trocknen in der Sonne aus und schließlich hechelte er ihn; mit einem von ihm selbst angefertigten Gerät – einer Art Nagelbrett – riss er die Stängelreste herunter. Aus dem so bearbeiteten Hanf spann die Hausfrau Fäden am Spinnrad, aus denen sie dann Leinwand webte für Laken, Hemden und allerlei andere Kleidungsstücke.

Im kleinen See unseres Wirts gab es Fische. Vater machte mir eine Angel: aus einer Sicherheitsnadel bog er ein Häkchen und aus Rosshaar, vom Pferdeschwanz, flocht er die Sehne. Täglich ging ich zum Angeln und fing sogar eine ganze Menge Plötzen. Ich war stolz, dass auch ich am Beschaffen von Lebensmitteln beteiligt war.

An die Gegend erinnere ich mich gut, auch wie das Bauerngut gelegen war.

Einmal kam zum Abend der Wirt zu uns und seine Frau brachte einen auf dem Blech gebackenen Fladen aus geriebenen Kartoffeln. So ein Fladen wurde, glaube ich, *bejcak* genannt, genau erinnere ich mich nicht. Alle aßen und unterhielten sich, am meisten über den Krieg und die Bandera-Leute.

»Vorläufig leben sie mit uns im Frieden«, sagte der Hausherr, »doch weiß der Teufel, was denen noch einfällt. In schon so manchem Dorf haben sie eine ›Säuberung‹ veranstaltet, indem sie sämtliche jüdische Familien ausgerottet haben.«

»Wir leben hier doch schon so lange in Eintracht miteinander«, fiel meine Mutter ein, »da werden sie uns doch wohl nichts tun.«

»Hier gibt es viele mit Polen vermischte Familien«, entgegnete der Hausherr, »doch Gott allein weiß, was in den Köpfen dieser Bandera-Leute vor sich geht. Wir wohnen von alters her zusammen, sind zusammen aufgewachsen, aber wir haben Beispiele, dass es in anderen Dörfchen genauso gewesen ist, und doch haben sie alle hingemordet.«

»Flieht in die Stadt, Wirt.«

»Und in der Stadt – wovon werde ich da leben?«

Das Massaker in Rasławice

Einen Tag später tauchte Tadeusz Wajs, Majcherek genannt, Papuszas jüngster Stiefbruder, auf und sagte:

»Der Sotnik ist schon zwei Tage weg, vielleicht hat man ihn erschlagen oder was. Wir haben nichts zu essen.«

Abends saßen wir vor der Scheune, und auf einen hohen Baum ganz in unserer Nähe hatte sich ein großer Vogel gehockt. Der fing mit seiner grausigen Stimme an zu kreischen. Diesen Vogel nennen die Zigeuner *mulo ciryklo*, *Totenvogel* oder *Vogel der Toten*. Die Zigeuner glaubten und glauben noch immer, dass, wenn er schreit, jemand stirbt oder ein Kind geboren wird. Dieser Vogel ist der Uhu. Vater hob einen Stein auf und warf ihn, um den Vogel zu verscheuchen. Mama meinte, das ist kein gutes Zeichen. Drożdża tröstete: »Es passiert schon nichts.«

Der Hausherr trat zu uns, nahm Platz, zündete sich eine Selbstgedrehte an, wollte sich unterhalten, während der Vogel in einem fort schrie.

»Ach, soll er doch den Schnabel halten«, rief Mama aus.

Vater sammelte Steine zusammen und warf sie nach dem Uhu, bis er ihn endlich verscheucht hatte.

»Warum machst du das?«, fragte unser Wirt.

»Weil das ein Teufel ist, kein Vogel. Wenn der schreit, kommt irgendwas Schlimmes über uns.«

»Nichts als Aberglaube«, lachte der Wirt, erhob sich und ging zum Haus.

Wir schliefen friedlich. Gegen vier weckten uns ein schriller Schrei und Gerenne um Haus und Scheune. Wir fürchteten uns nachzusehen. Mutter und Vater linsten durch die Ritzen zwischen den Brettern, und Drożdża sagte ganz leise:

»Guck mal, Niunia, sie führen den Hauswirt mit seiner Familie ab.«

Über dem Dörfchen war Rauch zu sehen. Ich sprang auf und wollte wie alle durch eine Ritze spähen, aber Vater befahl, mich wieder hinzulegen.

»Da ist nichts weiter«, fügte er hinzu.

Ich setzte mich auf die Erde, fand einen größeren Spalt in der Bretterwand, durch den ich unseren Wirt sehen konnte. Er kniete und hielt seine Kinder. Die Ukrainer brüllten, er solle sie loslassen. Er wollte nicht, also entrissen sie sie ihm mit Macht. Die Hausfrau flehte:

»Bringt uns nicht um, erbarmt euch, wir haben euch doch nichts getan.«

»Lachiwska krow u nas ne bude.«*

Da begriff ich, dass man sie umbringen wird, und fing an zu weinen. Mama drückte mich an sich und bedeckte mich mit ihrer Schürze, damit ich nichts sah. Die Hausfrau bettelte, bettelte, bis sie sich schließlich auf die Kinder stürzte – der kleine Junge war nicht älter als drei, das Mädchen ungefähr fünf –, um mit ihnen zu flüchten. Ich hörte einen Schlag, Schmerzlaute und dann den gellenden Schrei der Frau:

»O Barmherziger!«

Rasch schmiegte ich mich an die Bretterwand und sah

---

* »Polenblut wird es bei uns nicht geben.«

unseren Wirt auf dem Bauch liegen. Der Ukrainer schoss aus einer Pistole, er traf sofort. Bis heute höre ich das Kreischen der Kinder.

Später fielen noch zwei Schüsse. Das Mädchen soll sofort tot gewesen sein, dem kleinen Jungen haben sie, weil er noch Lebenszeichen von sich gab, mit irgendeinem Werkzeug, bestimmt mit einer Axt, den Rest gegeben, hörte ich. Mama ließ mich nicht länger hinsehen. Ich war auch so schon einer Ohnmacht nahe.

Die Bandera-Leute sprangen auf uns zu: »Rauskommen!«

Ich konnte nicht hoch, die Beine versagten mir. Vater nahm mich und Adam bei der Hand, Mama hielt Staszek, der noch immer an der Brust war, Tańka führte Adelka. Mama schluchzte: »Wir sind doch ukrainische Zigeuner«, aber die Bandera-Leute achteten nicht darauf. Sie waren wie rasend, wie in einem Amok. Wir mussten alle auf die Wiese hinter der Scheune. Einer von ihnen sagte:

»Wenn ihr ukrainische Zigeuner seid, dann betet das Vaterunser in unserer Sprache.«

Wir knieten nieder, bekreuzigten uns andersherum. Davon wussten alle Zigeuner, schließlich waren unsere Trosse so viele Jahre durch Wolhynien gefahren. Wer konnte, sprach laut das Gebet, die Übrigen ihm nach. In dieser Zeit traf ein Sendbote des Sotniks ein, der rief:

»Leben lassen.«

Sie ließen uns zurück und fuhren rasch in einem Pferdewagen davon. Alle polnischen Familien, die in diesem Dörfchen gelebt hatten, waren ermordet worden. Wir hasteten ins Dorf zu den Unseren, um nachzusehen, ob sie noch lebten. Der Sotnik sagte zu Dyźko, dass wir keine Angst haben müssen. Sämtliche ukrainische Familien hatten Rasławice verlassen. Das Dorf sah aus wie nach einer großen Schlacht, einige Häuser brannten noch. Pferde, Kühe und das ganze lebende Inventar der ermordeten polnischen Familien lief herrenlos herum, und der Sotnik sagte:

»Nehmt euch, was ihr wollt. Es gehört euch. Alles, was hier ist. Ihr seid frei. Könnt tun und lassen, was ihr wollt.«

Nach eiliger Beratung sagten die Unseren:

»Wir fahren mit euch, wir sind ukrainische Zigeuner. Weshalb sollten wir hier bleiben? Wo ihr hingeht, gehen wir auch hin.«

Wir wussten genau, dass sie uns auf die Probe stellten. Der Sotnik lachte und befahl:

»Nehmt Pferde und Wagen, denn zu Fuß könnt ihr ja nicht mit uns mit.«

Das eigene Blut vergießen

Die Ukrainer fürchteten die Vergeltung der polnischen Partisanenabteilungen, deshalb flohen sie aus Rasławice. Der Sotnik ritt an die Spitze der sich formierenden Kolonne. Die Zigeuner hatten sich Pferd und Wagen genommen, ihre Bündel aufgeladen und reihten sich ebenfalls in die Kolonne ein. Alle warteten auf den Marschbefehl. Es gab fünf Zigeunerwagen mit je zwei Familien. Endlich setzten wir uns in Bewegung. In einem fort ritt der Sotnik ans Ende der Kolonne und beobachtete uns. Zu Dyźko sagte er:

»Eure Instrumente auf dem Wagen sehen wie Maschinengewehre aus. Das ist gut, damit schrecken wir die Polacken ab.«

Vor uns fuhr eine Ukrainerin mit ihrem etwa sechsjährigen Söhnchen. Nach zweistündiger Fahrt hielt die Kolonne an zu einer kurzen Rast. Der Sotnik ritt mit dreien seiner Leute an den Wagen der Ukrainerin heran und fragte:

»Wo ist dein Mann?« Sie erwiderte, dass er gestern nicht nach Hause gekommen sei. Auf ihrem Wagen waren Federbetten und Kopfkissen aufgehäuft. Der Sotnik saß ab, ging zum Wagen und hob die Federbetten an. Darunter lag ihr Mann. Bleich wie Papier. Die Ukrainerin bat:

»Lasst ihn. Er ist doch schon wie ein Ukrainer. Ich habe ein Kind mit ihm.«

Der Sotnik verwandelte sich in ein Ungeheuer.

»Er muss weg«, entschied er. »Ein Polacke!«

Die Zigeunerin Kali (die Schwarze) war sehr mutig und sprach gut Ukrainisch. Ihr Mann war Ukrainer, der bei einem Scharmützel mit den Deutschen ums Leben gekommen war. Als Kali sah, was da vor sich ging, eilte sie auf den Sotnik zu:

»Sie haben dich, Bruder, darum zum Sotnik gewählt, weil du ein kluger und guter Mensch bist. Ich weiß, du verstehst sie und schenkst ihnen das Leben, das du ihnen nicht gegeben hast. Ich flehe dich an, hab Mitleid mit ihnen.«

Hochrot vor Wut, brüllte der Sotnik aus vollem Halse:

»Verschwinde auf der Stelle! Sonst kannst du gleich mit ihnen ...«

Er beendete den Satz nicht, sondern schlug Kali mit der Peitsche ins Gesicht, was ihr die Wange aufriss.

Sie kannten kein Erbarmen. Dicht bei stand eine Scheune. Dorthin befahlen sie dem Polen zu gehen. Entschlossen sagte die Ukrainerin:

»Wenn ihr meinen Mann umbringt, den Vater meines Sohnes, dann bringt mich und mein Kind ebenfalls um. Mörder am eigenen ukrainischen Blut.«

Ihr Mann sagte nichts. Stand wie versteinert, unheimlich blass. Als der Sohn zu weinen anfing, drückte er ihn an sich und sagte, die Stimme war ganz ruhig:

»Hab keine Angst, mein Sohn, es tut nicht weh. Gott wacht über uns, und die wird er strafen für unser Leid.«

Sie fassten sich bei den Händen. Die Bandera-Leute führten die drei hinter die Scheune. Wir hörten drei Schüsse, die uns noch mehr Angst einjagten.

Die Ukrainer kamen zurück, bestiegen die Pferde und ritten nach vorn. Ich konnte die Tränen nicht zurückhalten. Mama tröstete mich, obschon sie selber weinte. Tańka, meine älteste Schwester, mahnte uns:

»Wir dürfen uns nicht verraten. Müssen uns einen ukrainischen Nachnamen ausdenken, sonst ermorden sie uns auch.«

Sie hatte sich den Namen Mukan ausgedacht, der sich von den Mukanen, einem Zigeunergeschlecht, herleitete. In diesem einen einzigen Fall bedienten wir uns dieses Familiennamens. Die Kolonne setzte sich in Bewegung, nur ein einziges Gespann blieb zurück.

Lolas Töchterchen

Wir versteckten uns im Wald nahe einem Dörfchen, das Liski hieß. Es lag an einem Weg, der häufig von Deutschen befahren wurde. Von Zeit zu Zeit nahmen sie Liski für sich in Beschlag. Władzio und Lola waren ein Ehepaar, das ein niedliches vierjähriges Töchterchen hatte mit Namen Sabcia (*sab* – Schlange). Sabcia besaß keinerlei Spielzeug, denn woher nehmen – im Wald und in Kriegszeiten? Die Eltern merkten nicht, wie sich die Kleine ein Küchenmesser nahm und damit in den Wald hineinlief. Irgendwann fiel sie so unglücklich hin, dass ihr die Messerschneide in die Kehle drang und dabei die Halsschlagader durchtrennte. Ärztliche Hilfe gab es nicht und Sabcia starb bald. Vor Verzweiflung griff Lola nach jenem Messer, um es sich in die Brust zu stoßen, doch Zigeunerinnen fielen ihr in den Arm, ließen es zu keiner zweiten Tragödie kommen. Lola war hochschwanger. Als man ihr das Töchterchen nehmen wollte, um es zu begraben, widersetzte sie sich einem Begräbnis im Wald. Doch begraben werden musste die Tote, nur wo, da es in der Nähe keinen katholischen Friedhof gab. Die Eltern waren entschlossen, es musste ein Friedhof sein, denn wenn erst der Krieg zu Ende war, konnte man dort das Grab leichter wiederfinden und die Gebeine dahin überführen, wo man nun wohnte.

»Besser sie auf einem ukrainischen Friedhof begraben als in einem Waldgrab«, sagten sie.

Sie legten das Kind auf ein großes Handtuch, vier Personen ergriffen je einen Zipfel und trugen es so ins Dorf. Als der Leichenzug schon nahe beim Friedhof war, erschienen ein paar Ukrainer:

»Was ist denn mit dem Kind passiert?«, wollten sie wissen. »Und was wollt ihr machen? Begraben? Aber welchen Glaubens seid ihr?«

Als Rysiek Krzyżanowski-Jaworski in der Torfgrube von Rożyszcze arbeitete, wurde ihm bescheinigt, dass er griechisch-orthodox sei. Das öffnete die Friedhofstore. Sie hoben ein kleines Grab aus und setzten das Kind, ins Handtuch gewickelt, bei; ein Kreuz stellten sie nicht auf.

Schlittschuhe mit Schnüren

Wir langten in einem großen Dorf an, das Uchydnyki hieß. Die Ukrainer teilten uns leere Behausungen zu, die bestimmt die Polen aufgegeben hatten. Nach einer Woche kamen sie zu uns, um nachzusehen, wie wir so wohnten. Im Haus gab es drei Stuben und in jeder lebten zwei Familien. Wir hatten noch einen Pferdestall und eine Scheune.

Es nahte der September 1943. Die Ukrainer eröffneten eine Ein-Klassen-Schule. Vater schrieb mich ein, andere Zigeuner taten mit ihren Kindern dasselbe, um glaubwürdig zu machen, dass wir Ukrainer sind. Am ersten Tag brachten sie uns zum Friseur. Sie schoren, oder eher rasierten meinen Kopf bis auf die kahle Haut. Am nächsten Tag begann ich die *bukwy,* das heißt die ukrainischen Buchstaben, kennenzulernen. Den ganzen Winter über ging ich in diese Schule, lernte zusammen mit den ukrainischen Kindern, die mich niemals quälten, weil ich ein Zigeuner bin. Unsere Lehrerin war Ukrainerin, deren Mann ein Anführer der Bandera-Leute war. Oft sagte sie zu mir:

»Ty, Cyhanok, poznawaj, to budysz czolowikom.«*

Unser Orchester spielte von Zeit zu Zeit, wie in Rasławice, in der Schule, spielte für die Ukrainer. Sie waren uns

---

* »Du, Zigeunerchen, mach dich mit den Buchstaben vertraut, dann wirst du ein Mensch.«

freundlich gesinnt. Wenn die Zigeunerinnen ins Dorf gingen, gab man ihnen Kartoffeln und Milch.

»Byryte, wy naszy Cyhany«,* sagten sie.

Vater war bei einem Landwirt angestellt. Arbeitete bei den Pferden, damit kannte er sich aus. Als Bezahlung bekam er Kartoffeln und Getreide. Das Korn wurde zu Mehl vermahlen, aus dem Mama Brot und Fladen buk.

Hala, ein Jüngling aus der Zigeunerfamilie Bernik, der mit uns zusammenwohnte, konnte Schlittschuh laufen. Auch ich schlitterte häufig, doch bloß auf einem Schlittschuh, während Hala auf zweien lief. Er wagte sich weit auf den zugefrorenen See hinaus. Richtige Schlittschuhe aus Metall waren kaum aufzutreiben, folglich machten wir sie selber, aus Holz. Man nahm ein Stück – am besten Linde oder Birke, denn solches Holz ließ sich am besten schnitzen – und passte es dem Fuß an. Eigentlich war das nur eine Sohle mit einer Aussparung für die Kufe – eine Auskerbung der Länge nach, in die der Henkel von einem alten Eimer geschoben wurde. Ebendieses einzige Metallteil machte das Gleiten möglich. Seitwärts wurden zwei kleine Löcher ins Holz gebrannt, durch die eine Schnur gezogen wurde, mit der die »Sohle« am Fuß festgebunden wurde.

Ich hatte keine Schuhe. Das heißt, ich hatte welche, aber die Eltern erlaubten mir nicht, sie zu tragen, aus Sorge, ich könnte sie ruinieren und hätte später nichts für die Schule. Eigentlich waren das auch keine Schuhe, sondern Filzstiefel. Mein ganz großer Wunsch war es, wenigstens einmal auf dem einen Schlittschuh zu laufen, den ich mir selber

---

* »Nehmt, ihr seid unsere Zigeuner.«

gemacht hatte. Am Ende wagte ich es – ich stellte mich im Flur auf die Schwelle, band den Schlittschuh an meinem nackten rechten Fuß fest und blockierte die Schnur mit einem Stöckchen. Danach ging ich in den Schnee hinaus, stieß mich mit einem Bein ab und freute mich, dass ich glitt. Nach ein paar Minuten kehrte ich auf die Schwelle zurück, und wenn ich mich aufgewärmt hatte, ging ich wieder nach draußen. Ich hatte heiße Füße, wie aus dem Backofen, mir war nicht kalt und ich wurde nicht krank. Dennoch war ein längeres Umherschlittern auf diesem einen Schlittschuh schmerzhaft, wegen der um den Spann gewickelten Schnur, die in die Haut schnitt.

Unfehlbare Zigeunertracht

Wir lebten friedlich und vergaßen zuweilen den Krieg. Nur ab und an kam es zu kleinen Geplänkeln mit den Deutschen. Mitte Dezember, an einem Sonntag, ging Vater zu seinen Brüdern. Er kam lange nicht wieder. Mama schickte Tańka, dem Pferd ein bisschen Heu in die Krippe zu werfen. Die Schwester ging in die Scheune, nahm die Holzgabel und stach sie ins Heu. Sie erschrak, warf die Gabel hin und rannte zur Wohnung mit dem Schrei:

»Mama! Da ist wer unterm Heu!«

Mama sprang auf und hastete mit Tańka zur Scheune, und ich, verstört, weil ich nicht wusste, was los war, lief hinter ihnen her. Wir sahen eine Frau, die sich kaum auf den Beinen hielt; sie wollte noch weglaufen, doch kraftlos sank sie zu Boden.

»Bringt mich nicht um«, bat sie.

»Keine Angst, Zigeuner sind keine Mörder«, antwortete Mama.

Tańka brachte rasch ein Töpfchen Wasser. Die Frau setzte sich auf und trank gierig. Als sie sich besser fühlte, nahmen wir sie mit in die Wohnung. Mama gab ihr ein Stück Brot und ein Schlückchen Milch. Kurz darauf kehrte Vater zurück; als er die Frau sah, fragte er sofort:

»Karik lejapes da ćhindy?«*

---

* »Wo kommt denn die Jüdin her?«

»Hat in der Scheune geschlafen«, erwiderte Mama.

Die Jüdin hieß mit Vornamen Hila. Ohne unsere Sprache zu sprechen, verstand sie, dass der Vater nach ihr fragte. Sie begann zu erzählen:

»Bei der Verhaftung wurden meine Eltern von den Deutschen erschossen. Sie waren alt und krank. Die Fahrt in einem Viehwaggon hätten sie nicht überstanden, und die Deutschen wussten das genau. Deshalb, damit sie gesünderen Juden nicht den Platz wegnahmen ... Mich nahmen sie mit und sperrten mich in einen der Waggons, in die die Juden gepfercht waren. Als sie uns ins Getto von Włodzimierz transportierten, nutzte ich die Zerstreutheit eines SS-Mannes und mir gelang die Flucht. Ich versteckte mich in den Wäldern, nährte mich von dem, was die Natur hervorbrachte. Jetzt sind die Nächte kalt, deshalb bin ich in eure Scheune gegangen.«

»Wir müssen dich wie eine Zigeunerin anziehen«, entschied Vater. »Solange es geht, bleibst du bei uns. Wirst ums Überleben kämpfen so wie wir.«

Als Mama sie in Zigeunertracht gekleidet hatte, unterschied sie sich nicht von unseren Mädchen.

Eines Tages kam einer von den Bandera-Leuten zu uns. Er sagte, wir müssten morgen früh für zwei Tage ausziehen.

»Direkt am Wald steht ein Bauernhof leer, da könnt ihr hin. Wir wissen, dass die Deutschen Jagd machen wollen auf Partisanen und Juden, die vom Transport geflüchtet sind.«

Wir saßen ein paar Tage auf diesem Bauernhof. Vier, fünf Familien in einem Raum. Jeden Abend kam eine Jüdin aus dem Wald, der Papusza Brot gab. Die Deutschen machten keine Jagd – falscher Alarm. Und wir kehrten alle in unsere Hütten zurück. Hila hatte sich inzwischen immer mehr an uns gewöhnt. Eines Tages entstand Panik im Dorf. Wir erfuhren, dass eine große Abteilung russischer Partisanen, die Abteilung von Kolpakow, Uchydnyki angegriffen hatte. Die Bandera-Leute leisteten keinen Widerstand, sie wussten, die Abteilung war gut bewaffnet. Sie ließen ihre Familien zurück und ergriffen die Flucht. Meine Lehrerin suchte bei uns Zuflucht und bat, sie zu verstecken. Sie hatte Angst, weil ihr Mann zu den Bandera-Leuten gehörte. Die Frauen zogen sie wie eine Zigeunerin an. Sie war eine hübsche, schwarzhaarige Ukrainerin, die wie eine echte Zigeunerin aussah. Nach ein paar Tagen kehrte sie zu den Ihren zurück.

Bei Kolpakow

Kolpakow nistete sich für länger in Uchydnyki ein. Er hatte vor, sich durch die Front durchzuschlagen, sammelte Kräfte und wartete auf eine günstige Gelegenheit. Das ganze Dorf war von Partisanen besetzt. Als Kolpakow von unserem Orchester hörte, schickte er sofort nach ihm, und von da an mussten unsere Musiker Abend für Abend bei ihm spielen und er berauschte sich an unserer Musik.

Die Onkel baten Kolpakow, uns mitzunehmen, wenn sie aus dem Dorf abzogen.

»Denn wenn wir hierbleiben«, erklärten sie, »bringen uns die Bandera-Leute um.«

Kolpakow versprach es, warnte uns aber vor der Gefährlichkeit seines Vorhabens. Wir waren hocherfreut, von diesen Mördern loszukommen.

Der Winter von 1943 zu 44 war streng, die Nahrungsmittel wurden knapp. Die Leute Kolpakows nahmen den Bauern die Vorräte. Im Partisanenlager herrschte eine gute Stimmung. Man hörte oft sagen, dass der Krieg bald zu Ende ist, wegen der schweren Verluste, die die Deutschen auf jedem Frontabschnitt davontrugen. Kolpakow hatte uns ins Herz geschlossen, er kam zu uns nach Hause, machte Späßchen. Es ging das Gerücht, dass er von Zigeunern abstammte, was Kolpakow selber weder bestätigte noch abstritt.

So ging uns der Winter dahin, mit anhaltendem Frost.

Die Hitlertruppen wussten genau, dass in Uchydnyki eine große Abteilung russischer Partisanen stand. Der Aufklärungstrupp der Partisanen informierte, dass die Deutschen die Eisenbahn verstärken und Kräfte zu ihrer Verteidigung heranziehen. Kolpakow sagte halb scherzhaft: »Warten wir, bis der Frost nachlässt, und später werden wir dann sehen, wie man mit dem Feind kämpft. Die Zigeuner bringen uns Glück.«

Rund dreißig Kilometer von Uchydnyki verlief die Eisenbahnlinie, die von den Deutschen eifrig bewacht wurde. Die Sonne schien schon kräftiger, doch noch immer hielt sich der Schnee. Kolpakow beriet sich mit den Kommandeuren, lud auch unsere Ältesten ein und sagte entschlossen:

»Der Abmarsch erfolgt früher als geplant. Die Lage macht es erforderlich. Ihr könnt mitkommen, aber ich erinnere noch einmal, dass wir uns still und leise durchschleichen. Vielleicht lässt sich ein Kampf mit den Deutschen vermeiden. Ihr müsst, besonders die Frauen, auf eure Kinder achtgeben, dass sie nicht schreien, nicht weinen, denn falls das geschieht, ersticke ich sie mit den eigenen Händen. Durch ein Kind können viele Menschen ihr Leben verlieren.«

Wir erwarteten den Abmarschbefehl. Niemand verbarg seine Unruhe und Nervosität. Endlich benachrichtigte man uns, dass wir mittags aufbrechen. Die Onkel kamen mit noch anderen Zigeunern zusammen, um sich zu beraten und an die Mütter weiterzugeben, was Kolpakow von den Kindern gesagt hatte. Um elf Uhr stellten sich die Partisanen auf und bildeten eine schwer bewaffnete Kolonne. Auch wir begannen uns zu sammeln. Vater spannte das

Pferd an. Man war übereingekommen, dass besser nur Wagen fuhren, die unbedingt nötig waren – für die Kinder und zum Transport der Harfen. Die Partisanen wollten uns um der Sicherheit willen in der Mitte der Kolonne haben, und Vater gab ihnen recht:

»Wenn es losgeht, ist der erste Ansturm der schlimmste, und von hinten können die Deutschen ebenfalls angreifen.«

Aber die Zigeuner wollten das nicht kapieren und sie beschlossen, hinten zu gehen und zu fahren, hinter der Kolonne. Wir brachen um dreizehn Uhr auf. Nach drei Stunden machten wir in einem Kiefernwäldchen auf einer Anhöhe halt, die von Wiesen umgeben war.

Das Wäldchen bot Sicht nach allen Seiten. Die Partisanen bekamen den Befehl, sich zu verschanzen. Maschinengewehre wurden aufgestellt, denn die Kundschafter meldeten, dass Deutsche in unsere Richtung vorrückten. An dem schmalen Weg hatten sie Panzerabwehrgeschütze postiert. Fast alle waren verschanzt und in Bereitschaft, während wir erschrocken da saßen.

»Warum macht ihr euch keine Schützengräben?«, fragte der Kommandeur. »Wenn ihr so sitzen bleibt, schießen sie euch wie Enten ab.«

Einer der Zigeuner sagte:

»Gott wacht über uns.«

»Gott wacht über die, die sich ordentlich verschanzen. Also, redet keinen Unsinn, versteckt euch, tarnt euch. Das ist ein Befehl! Sonst entdecken sie uns noch euretwegen. Holt euch Spaten von den Soldaten und grabt euch rasch ein.«

Vater war beim Militär gewesen, also wusste er, wie's ging. Schnell hob er einen länglichen Graben aus. Mama breitete darin eine Plane aus und wir mussten hinein. Als wir schon unten saßen, sah Mama uns an und kommentierte:

»Na, das Grab haben wir schon, nun braucht's nur noch eine Bombe, die uns mit Erde zuschüttet.«

»Unke nicht!«, schimpfte Vater.

Alle Zigeuner taten es uns nach – unbeholfen hoben sie Gruben aus und versteckten sich darin.

Ein deutsches Flugzeug erschien, beschrieb einen Bogen und flog davon. Alle hatten wir geglaubt, dass wir gleich angegriffen würden, doch offenbar hatten sie nichts bemerkt. Alle Wagen waren mit Zweigen zugedeckt, die Pferde ebenfalls getarnt. Die Partisanen lagen in den Schützengräben, bereit zum Kampf. Im Wäldchen blieben wir bis zum Abend. Die Nacht versprach mond- und sternenlos zu werden. Das Kommando fiel, wir setzten uns in Bewegung, aber bald schon hielt die Kolonne an. Der erste Kundschafter meldete deutsche Panzer auf unserem Weg. Zwei weitere Kundschafter wurden ausgeschickt. Zwei Stunden warteten wir auf sie. Zurück kam nur einer, der andere war gefallen. Der Kommandeur änderte die Marschroute – er beschloss, sich über die Bahnlinie durchzuschlagen.

Wir mussten schnell gehen, denn jetzt wussten die Deutschen von uns. Von Zeit zu Zeit schossen sie aus Mörsern auf uns, doch wir waren außer Reichweite. Die Nacht war so finster, dass man auf drei, vier Meter nichts sah. Wir hielten uns ganz dicht beieinander. Nach einstündigem Marsch gelangten wir zum Bahnübergang, von starken deutschen Abteilungen gut bewacht, die wir umgehen wollten, doch es glückte uns nicht.

Kaum hatten die Deutschen uns entdeckt, als sofort ein

Scharmützel begann, wie ich es noch nie gesehen hatte. Die dunkle Nacht wurde zum hellen Tag – Geschosse und Raketen erleuchteten die Gegend. Unsere Kinder fingen an zu schreien, zu wimmern, zu weinen. Die Deutschen mussten sich zeitweilig zurückziehen, und den Partisanen genügte das für ein blitzschnelles Überqueren der Gleise. Die Mehrzahl schaffte es, einem Teil jedoch gelang es nicht, und wir – ein Wagen mit drei Familien – gehörten zu ihnen, denn die Deutschen hatten erneut zu schießen begonnen.

Wir kamen vom Weg ab und verloren die Gruppe von Partisanen, der wir hinterhergefahren waren. Vater griff das Pferd am Zügel und rannte mit ihm los, schrie dabei, die andern sollten sich am Wagen festhalten. Die Unsern waren nicht zu sehen, wir trafen ein paar rennende Partisanen, die Hala fragte:

»Wo ist die Partisanenabteilung hin?«

»Und ihr? Was seid ihr für welche? Warum fragt ihr? Eine Kugel in den Schädel kriegt ihr als Antwort.«

Und sie verschwanden in der Finsternis.

Ein Säugling im Schnee

Wir fuhren blindlings drauflos. Es wurde schon hell, das erschöpfte Pferd konnte den Wagen kaum noch ziehen, die Räder versanken tief im Schnee. Für einen Moment hielten wir an, um ein bisschen zu verschnaufen und um uns zu beraten, was wir machen und wohin wir uns wenden sollten. Wir kannten uns im Gelände nicht aus, fanden uns nicht zurecht. Irgendwer sagte:

»Wozu hier halten. Es tagt bereits, irgendwie müssen wir russische oder polnische Partisanen finden, sonst fallen Bandera-Leute oder Deutsche über uns her.«

Wir fuhren den Weg, der vor uns lag, doch wohin der führte, wussten wir nicht. Inzwischen war es Tag geworden, in der Ferne zeichnete sich ein Dörfchen ab, weit verstreut. Dahinter war ein großer Wald zu sehen. Wir beschlossen, dem Dörfchen auszuweichen und zu dem Wald zu gelangen.

Gute zwei Kilometer hatten wir zurückzulegen. Wir fuhren an einer Hütte vorbei, die linker Hand am Waldrand stand, man sah, dass sie leer war. Auf der rechten Seite befand sich überfrorenes, mit Gesträuch und großen Erlen bewachsenes Sumpfland. Ein Schlitten kam uns entgegen. Als er an uns vorbeifuhr, gewahrten wir fünf Männer. Sie musterten uns aufmerksam, hielten aber nicht an. Vater trieb das Pferd mit der Peitsche an, um die Fahrt zu beschleunigen; alle forderte er auf, einen Schritt zuzulegen.

»Die kehren gleich um, das spüre ich«, fügte er hinzu.
»Bestimmt sind es Bandera-Leute.«

Er hatte den Satz kaum ausgesprochen, als alle den Schlitten zurückjagen sahen.

Die Bandera-Leute schrien: »Stijte, bo budem strelaty!«* Vater blieb nicht stehen. Die Ukrainer begannen zu schießen. Mama rief Vater zu, er solle flüchten.

»Mir ist schon alles einerlei, ich bleibe zurück mit den Kindern«, murmelte sie vor sich hin.

Vater zögerte, aber Mama rief wieder:

»Lauf weg!«

Er warf die Zügel hin und rannte los. Ich saß zwischen den Kindern. Meine Füße steckten in Filzstiefeln, die mindestens zwei Nummern zu groß waren. Als ich sah, wie Vater sich von uns entfernte, sprang ich, ohne nachzudenken, vom Wagen. Die Stiefel rutschten mir von den Füßen, also lief ich barfuß Vater hinterher durch den Schnee. Die Kugeln pfiffen über unsere Köpfe hinweg.

Ich sah jemand hinfallen. Es war Bolek Chaładzina, der sich uns während der Okkupation angeschlossen hatte. Irgendwer blieb bei ihm stehen und versuchte zu helfen. Der Frost war streng, doch ich spürte ihn nicht, rannte nur und rannte. Ich sah, dass mein Bruder Adam neben mir lief. Mit uns hatten sich noch ein paar Zigeuner in die Flucht geworfen. Letztendlich hörte die Schießerei auf. Weit hinter uns blieben Pferd und Wagen zurück.

Wir waren bereits beim Vorwerk, als Vater mich und Adam sah. Er blieb kurz stehen, fasste uns bei den Händen, und wir liefen gemeinsam weiter, mit den anderen

---

* »Stehenbleiben oder wir schießen!«

flüchtenden Zigeunern auf den Wald zu. Am Rand des Vorwerks, bei der letzten Hütte angekommen, bemerkte Vater unsere nackten Füße und ging hinein. Drinnen waren eine alte Bäuerin und wohl ihr Mann, mit grauem Bart. Vater bat um irgendwelche Lappen, die er uns um die Füße wickeln konnte. Adam war ja auch barfuß. Zuvor hatte er Schuhe angehabt, aber die waren so schwer, dass er sie beim Laufen wegwarf. Wir bekamen die Lumpen, Vater wickelte sie uns um die Füße, mit einer Schnur drumherum. Als er das tat, fielen ihm die vielen Hülsen von Sonnenblumenkernen auf dem Lehmfußboden auf. Die ließen vermuten, dass sich noch irgendwer in der Hütte aufhielt. Er warf den übrigen Zigeunern einen Blick zu, und rasch gingen wir hinaus. Die Älteren wussten bereits, dass sich hier Bandera-Leute berieten. Mit uns auf der Flucht waren Saso, Bolek Chaładzina und Władek (nicht aus unserer Familie) mit seiner Frau Władka, die beim Flüchten ihr ein paar Monate altes Kind im Steckkissen hatte fallen lassen. Wir erreichten den Wald, wo am Rand ein einzelnes Haus stand. Wir betraten es. Es war leer.

»Hier bleiben wir über Nacht und morgen ziehen wir weiter«, sagte Chaładzina.

Die Männer machten einen Rundgang, um zu kontrollieren, ob sich auch keiner versteckte oder auf der Lauer lag. Sie fanden den ermordeten Bauern in der Scheune. Außer ihm war niemand da. Die Nacht brach herein, ich lag mit Adam auf einer Garbe Stroh, zugedeckt mit Vaters Jacke. Die ganze Zeit weinte ich um Mama, aber ganz leise, damit Vater nichts merkte. Adam weinte auch, aber er verheimlichte es nicht. Vater beruhigte uns und tröstete uns mit Worten, denen er selbst nicht glaubte:

»Morgen sind sie da, ihnen passiert schon nichts, ihr werdet sehen.«

Früh berieten sie, wohin man sich flüchten sollte. Alle waren überzeugt, dass die Unsern, die zurückgeblieben waren, von den Bandera-Leuten umgebracht worden waren, aber man wollte noch einen Tag abwarten.

»Gott tut Wunder, vielleicht lebt noch wer«, sagten sie.

Zwei Tage blieben wir in diesem Haus. Fühlten, dass wir beobachtet wurden. Wir hatten Angst, liefen aber nicht davon; weshalb, wusste keiner. Die ganze Zeit behielten wir den Weg im Auge, ob jemand vom Dorf her kam. Nachmittags machten wir uns zum Wald auf. An die zwei Kilometer hatten wir hinter uns gebracht, als unvermutet etwa zehn Partisanen hervorstürzten und »Hände hoch!« auf Polnisch riefen.

Wir freuten uns, als wir die rotweißen Armbinden sahen und die kleinen Adler an den Mützen. Aber sicher waren wir nicht, ob das richtige Polen waren oder verkleidete Bandera-Leute. Also hoben wir die Hände.

Sie fragten:

»Was seid ihr für welche?«

»Wir sind Zigeuner auf der Flucht vor den Banderas. Ein Rest ist geschnappt worden, sicher hat man sie ermordet.«

Sie brachten uns zu ihrem Anführer, dem wir genau berichteten, was passiert war. Er hörte zu und später sagte er:

»Wir beobachten euch seit zwei Tagen. Wussten nichts mit euch anzufangen.«

Sie fütterten uns, gaben uns was Ordentliches zum Anziehen und für mich und Adam brachten sie Schuhe. Ich saß wie auf Kohlen, war unruhig, konnte mich nicht damit abfinden, dass Mama und die Geschwister tot waren. In der Nacht hörte ich Mamas Stimme. Ich bedauerte zutiefst, dass ich nicht bei ihnen geblieben war. Ich grübelte und grübelte und war verzweifelt. Vater half mir, so gut er konnte, doch am Ende brach er selbst in Tränen aus. Zwei Tage waren wir mit den Partisanen zusammen. Sie trafen schon Vorbereitungen, diesen Ort zu verlassen und über den Fluss zu setzen, der von den Deutschen überwacht wurde.

Losgekauft mit Gold

Banderas hatten unser Fuhrwerk mit denen, die nicht hatten entkommen können, eingeholt und hielten die Gewehre schussbereit. Alle mussten sich hinlegen, mit dem Gesicht zum Boden. Mama mit dem kleinen Bruder, der älteren Schwester Tańka und der fünfjährigen Adela blieben beim Wagen. Auch Hala mit Frau blieb, und noch eine Zigeunerin. Die Bandera-Leute luden durch. Mama wollte sich nicht hinlegen. Sie bettelte, uns doch nicht totzumachen, uns am Leben zu lassen.

»Wir haben euch doch nichts getan«, redete sie dem Bandera-Mann ins Gewissen.

Der Bandera-Mann blieb unversöhnlich, die ganze Zeit brüllte er:

»Hinlegen!«

Mama zog den goldenen Ring vom Finger und hielt ihm den hin. Er warf einen Blick drauf und nahm ihn. Hala schrie in unserer Sprache:

»Złen pestyr sownakaj!«*

Hastig sammelte er goldene Ohrringe, Ringe und ein Armband ein, gab alles den Banderas und die fragten:

»Warum seid ihr abgehauen?«

»Weil ihr geschossen habt. Aus Angst. Wir sind ukrainische Zigeuner, auf der Flucht vor den Deutschen.«

---

* »Nehmt alles ab, was ihr aus Gold habt!«

Irgendwo in der Nähe fing ein Kind an zu weinen. Die Banderas sahen sich um und fanden im Schnee einen Säugling im weißen Steckkissen.

»Nehmt das Kind und fahrt ins Dorf«, befahlen sie. »Dort nehmen sie euch auf.«

Sie bestiegen den Schlitten und fuhren davon. Noch eine ganze Weile konnten sich die Zigeuner nicht von der Stelle rühren. Mama stillte das gefundene Kind und das eigene. Endlich fuhren wir bei der ersten Hütte vor, aber Hala meinte:

»Fahren wir lieber ans Dorfende, dort ist es näher zu denen, die haben fliehen können.« Den Ukrainern in der Hütte sagte er, dass die Banderas sie hierhergeschickt hätten.

»Ich weiß Bescheid, hab alles gesehen«, entgegnete der Hauswirt.

Er nahm die Unsern auf und erkundigte sich:

»Sind es eure, die geflüchtet sind?«

»Ja, unsre.«

»Wir haben ihnen Lappen gegeben für die zwei kleinen Jungen, die barfuß waren.«

»Das sind meine Kinder«, sagte Mama und fragte weiter nach den Flüchtigen.

»Sie haben in dem Haus am Waldrand Zuflucht gesucht. Ihr könnt da nicht hin. Dort treiben sich polnische Partisanen rum. Sie haben den Besitzer des Hauses umgebracht. Wir fürchten uns, dorthin zu gehen. Bestimmt haben sie die Euren weggeschafft.«

Unsre waren froh, dass wir lebten. Zwei Tage waren sie bei diesem Hauswirt. Früh am Morgen sagte Hala so, dass es alle hörten:

»Was haben wir noch von diesem Leben? Sicher haben

die Partisanen die Unsern umgebracht. Gehen wir, sollen sie auch uns umbringen. Wozu den Lebtag lang leiden.«

Insgeheim überlegten alle, wie man am schnellsten von hier wegkam.

»Fahren wir sie suchen. Vielleicht leben sie noch.«

Der Ukrainer versicherte immer wieder, dass man sie ermorden würde, weil die schon eine Menge Menschen ermordet hätten.

»Wenn sie unsere Kinder, Mütter und Väter umgebracht haben, sollen sie auch uns umbringen«, bekräftigte Hala.

Sie luden alles, was sie hatten, auf den Wagen und fuhren davon. Denselben Weg wie wir. Sie fuhren, so schnell es ging, und baten Gott, uns wiederzusehen. Als sie weiter in den Wald vordrangen, ahnten sie nicht, dass ihnen jemand auf der Spur war.

Polnische Partisanen ritten ihnen hinterher. Woher die auf einmal kamen, war schwer auszumachen. Als die Unsern sie bemerkten, erschraken sie, weil sie die Männer für Bandera-Leute hielten. Einer der Partisanen galoppierte heran und rief schon von weitem:

»Eure Leute warten schon!«

Alle weinten vor Freude. Mama hatte die ganze Zeit Staszek und das zurückgelassene Kind gestillt. Władka küsste Mama die Hände, weil sie ihrem Söhnchen das Leben gerettet hatte.

Ein Kopf zwischen Mühlsteinen

Wir hatten in der Schule in Bendziuga Quartier bezogen. Auf der anderen Flussseite waren die Deutschen. In der Schule hielt sich zeitweilig auch der Stab der polnischen Partisanen auf. Unter ihrem Schutz hockten wir sicher und geborgen. Häufig besuchten sie uns, um sich wahrsagen zu lassen; sie wollten doch wissen, ob sie den Krieg überleben würden.

Manchmal kam abends klammheimlich, so dass ihn die polnischen Partisanen nicht sahen, ein Mann, der sich als Nachbar vorstellte. Wir waren sicher, dass er einer von Banderas Leuten war. Wir hatten Angst, ihn auszuliefern, das konnte unser Tod sein. Meine Schwester Adela, obschon zu der Zeit noch ein kleines Mädchen, erinnert sich gut an ihn. Wenn sie heute von ihm erzählt, weiß sie Einzelheiten, die mir längst entfallen sind. Er war hochgewachsen, schlank, trug einen bodenlangen Schafspelz, blankgewichste deutsche Offiziersstiefel und auf dem Kopf eine Schaffellmütze, von den Zigeunern »baranówka« genannt. Vorn an dieser Mütze hatte er ein Totenkopfabzeichen. Was bestimmt kein Totenkopf war, bloß das Symbol oder Zeichen der Banderas, der sogenannte *tryzub*, Dreizack.

Wir wussten genau, dass dieser Mensch nicht als Freund unsrer Familie zu uns kam, sondern um uns über die Polen und polnische Partisanen auszuhorchen. Eines Tages meinte Vater, dass er genug von ihm habe. Als Partisanen erschienen, erzählte er ihnen alles über den Mann. Sie kamen überein, dass wir sie zu benachrichtigen hätten, wenn er auftauchte. Aber er zeigte sich nicht. Später erfuhren wir, dass ihn polnische Partisanen getötet hatten. Er war an der Kleidung, die wir beschrieben haben, erkannt worden.

Vater ging mit polnischen Partisanen in die ukrainischen Dörfchen, um Proviant zu besorgen. Einmal schnappten sie zwei Ukrainer, die eine Waffe bei sich hatten. Sie fragten den einen:

»Wie viele Polen hast du ermordet? Wo sind die Bandera-Leute?«

Er wollte nichts sagen. Sie befahlen ihm, das Hemd auszuziehen, und führten ihn auf den Hof hinaus. Dort lag ein Stein zum Mahlen. Sie zwangen ihn, den Kopf draufzulegen. Vater bat, den Ukrainer nicht umzubringen.

»Du musst doch wissen, was die mit uns gemacht haben und immer noch machen«, erklärten ihm die Partisanen. »Schneiden Zungen ab, stechen Augen aus, den Frauen amputieren sie die Brüste.«

»Aber wir müssen doch nicht genauso sein, so unmenschlich wie sie.«

Sie hörten nicht auf Vater. Zwei von ihnen nahmen den anderen Mühlstein und ließen ihn auf den Kopf des Ukrainers fallen.

Den zweiten Ukrainer sollte Vater erledigen, um die Ermordung von Zigeunern zu rächen. Der Mann war nicht groß, schmal und so erschrocken, so bleich, als wäre er ganz ausgeblutet. Vater richtete den Gewehrlauf auf ihn und befahl ihm, hinter die Scheune zu gehen, Richtung Wald, der etwa dreißig Meter weiter begann. Als sie dort angekommen waren, hieß er ihn stehenbleiben. Der Bandera-Mann kniete nieder und begann flehentlich zu betteln, dass Vater ihn nicht töten solle. Vater blickte ihn an und hatte die Zigeuner und ihre kleinen Kinder vor Augen und stellte sich ihre furchtbare Angst vor, als man sie in jener Schule bei lebendigem Leibe verbrannte. Vater sagte kein Wort, und da holte der Mann mit Buchweizengrütze gefüllte Piroggen hervor, er hatte etliche davon, und reichte sie Vater. Weil er sie ja nicht mehr brauchen würde. Vater hieß ihn aufstehen und wegrennen. Als der Mann im Walddickicht verschwunden war, schoss Vater in die Luft und ging zu den Partisanen zurück, die mit dem Proviant beschäftigt waren, den sie aufgetrieben hatten.

Unweit des Waldes stand eine kleine Kate. Die vierköpfige Familie Grzybowski wohnte dort: Mutter, Vater, der 20-jährige Sohn und die 18-jährige Tochter. Zu ihnen gingen wir nach Milch für die Kinder. Eines Tages kam eine Polin zu uns und erzählte uns, dass allesamt von Banderas ermordet worden seien. Die Alten und den Sohn hatten sie sofort getötet, die Tochter hatten sie erst vergewaltigt, dann Brüste und Zunge an einen Stuhl genagelt – so haben sie sich eine Zeitlang mit ihr verlustiert, bis sie unter Qualen starb.

Die Partisanen fassten den Plan, den Fluss zu durchqueren und auf das von Deutschen besetzte Terrain vorzudringen. Zu ihren Aufgaben gehörten die Zerstörung wichtiger Objekte wie Bahngleise oder Brücken. Aufmerksam beobachteten sie die Schule in dem kleinen Dorf hinter Bendziuga, auf der anderen Seite des Flusses. Dort befand sich ein großes deutsches Aufgebot, wie man wusste. Sie warteten auf eine sternen- und mondlose Nacht, hielten Boote und Flöße in Bereitschaft. Als die erwartete Nacht kam, gelang es den Partisanen, geräuschlos den Fluss zu überwinden und die Deutschen überraschend anzugreifen. Sie feuerten Leichtkalibergeschütze und Granatwerfer ab. Die Schule begann zu brennen, der Feuerschein und die fliegenden Geschosse verbreiteten Angst und Schrecken.

Die Schlacht dauerte beinah eine Stunde, dann wurde es still. Die Partisanen kehrten ohne Triumph zurück, und die Deutschen ließen nicht lange mit dem Vergeltungsschlag auf sich warten. Von frühmorgens an kreisten Flugzeuge über Bendziuga und bombardierten. Wir flüchteten in den Wald. Um dorthin zu gelangen, waren an die vierhundert Meter freies Feld zu überwinden. Im Schuppen bei der Schule blieb unser Pferd zurück. Die Flugzeuge flogen immer niedriger, fast über unsere Köpfe hinweg, und sie schossen direkt auf uns aus Maschinengewehren. Alle Augenblicke mussten wir in Deckung gehen, uns in die Ackerfurchen werfen.

Władka, Halas Frau, hatte Fieber und konnte nicht so schnell rennen. Als die Flugzeuge für einen Moment verschwanden, sprangen wir auf und liefen auf den Wald zu, um uns so rasch wie möglich dort zu verstecken. Kaum hatten wir etwa hundert Meter zurückgelegt, als die Flugzeuge wiederkamen. Das laute Knattern aus den Maschinengewehren war so schrecklich, dass sich jeder vor Angst in ein Mauseloch verkrochen hätte, wenn das möglich gewesen wäre. Władka fing an zu schreien, dass sie das nicht länger aushalte, und warf sich in die Flucht. Hala rief, sie solle sich hinwerfen, doch sie achtete nicht darauf. Es hagelte Kugeln, doch keine traf sie. Gott hielt offenbar seine schützende Hand über sie. Ein ukrainischer Zigeuner wollte ebenfalls ganz schnell den Wald erreichen, doch er hatte kein solches

Glück. Er wurde an der Schulter getroffen und stürzte. Er schrie, aber keiner war imstande, ihm zu helfen. Die Flugzeuge erlaubten uns nicht, uns vom Erdboden loszureißen. Als sie endlich abflogen, kümmerte sich um den Verwundeten seine Familie.

Der gnädige Gott hatte uns bewahrt: Heil und gesund erreichten wir den Wald. Dort trafen wir den Rest unserer Familie und andere Zigeuner. Nach dem Luftangriff, gegen Abend, kehrten wir in unsere Schule zurück. Sie hatte kein Dach mehr und unser schönes Pferd, von Bombensplittern verwundet, lag blutüberströmt. Vater hieß einen Partisanen das Pferd töten, um sein Leiden zu beenden. Etliche ukrainische Zigeuner, die neben der Schule wohnten, waren ebenfalls verwundet worden. Wir übernachteten in der Ruine und gingen am frühen Morgen mit den Partisanen in den Wald, aus Furcht vor einem erneuten Angriff der Deutschen.

Hunger und Typhus

Im Wald lebten wir eine Zeitlang friedlich. Vater ging weiterhin mit Zigeunern und Partisanen zu den Dörfern nach Proviant. Bendziuga wurde bereits von Deutschen beherrscht. Mit jedem Tag setzte uns der Hunger stärker zu. Einmal war Vater allein in ein Dorf gegangen. Er betrat irgendeine Hütte und die erschrockene Ukrainerin gab ihm Kartoffeln und ein bisschen Mehl. Doch als er im Flur war, redeten im Hof Deutsche mit dem Hauswirt. Sein Gewehr in Bereitschaft haltend, entwischte Vater auf leisen Sohlen hinter die Scheune. Dort stieß er beinah mit einem Deutschen zusammen. Der hielt zwei Hühner in der Hand. Vater zielte auf ihn. Vor Angst ging der Deutsche in die Knie, Hände und Hühner hoch. Vater rannte an ihm vorbei und verschwand in der Dunkelheit. Einen Augenblick später wurde in seine Richtung geschossen.

Die Deutschen, die wussten, dass im Wald Partisanen waren, veranstalteten schon im Morgengrauen eine Treibjagd. Bei unserer Flucht lösten wir uns in kleine Grüppchen auf. Die Nacht verbrachten wir in den Sümpfen.

Die Partisanen hatten oft gesagt, dass sie sich einer größeren Abteilung anschließen müssten, die im Wald stationiert war. Diese beabsichtige, sich durch die Front durchzuschlagen und zu den regulären Truppen der polnischen Volksarmee* vorzudringen. Wir eigneten uns nicht zu einer solchen Expedition, waren ein zu leichtes Ziel.

Morgens bemerkten wir, dass kein einziger Partisan mehr bei uns war. Mit Sicherheit hatten sie befürchtet, dass sonst die Deutschen uns schneller zu fassen kriegten. Wir hatten Kinder dabei, da konnten wir nicht so leicht flüchten. Drei Familien blieben, und so lebten wir längere Zeit. Wir gingen aufs Geratewohl in den großen Wald hinein. Einige Zigeuner meinten, dass die Deutschen vor großen Wäldern, dem sicheren Versteck für große und gut bewaffnete Partisanenabteilungen, Angst hätten. Wir fanden einen guten Ort zum Beobachten in alle Richtungen. Von Zeit zu Zeit ließ sich ein Flugzeug zum Auskundschaften sehen. Man konnte kein Feuer machen, weil uns der Rauch verraten hätte.

Wir versteckten uns an den unzugänglichsten Stellen. In der Nacht gingen die Zigeuner schon selber zu den Dörfchen nach Nahrung. Wir lebten ein paar Wochen in den Sümpfen, dann wurden wir krank. Zuerst Perełka, die Frau meines Cousins Władek Krzyżanowski, später andere. Perełka fühlte sich immer schlechter, wurde immer schwächer, und als sie dann noch hohes Fieber bekam, wussten die Zigeunerinnen bereits, dass uns der Typhus erwischt hatte. Arzneimittel gab es keine. Die Kranken lagen unter den Bäumen, eine Tragödie nahm ihren Lauf. Zum Glück waren die meisten in jüngerem Alter, weshalb sie die Krankheit durchstanden. Perełka stillte ihre kleine Tochter. Zusammen mit der Milch trank sie die Krankheit, und nach ein paar Tagen war sie tot. Wir vergruben sie im Wald, machten ein kleines Grab und ein kleines Kreuz aus Birke.

---

* Armia Ludowa (AL) – kämpfte an der Seite der sowjetischen Truppen gegen die Deutschen.

Wir mussten weiterziehen. Es war gefährlich, länger an ein und demselben Ort zu verharren, jemand konnte uns bemerken und den Deutschen melden. Perełka fühlte sich immer elender, konnte sich nicht mehr auf den Beinen halten. Władek und ihr Bruder Nudziu hielten sie unter den Achseln gepackt und schleiften sie mit. Wir glaubten schon, das baldige Ende ihrer Qualen sei in Sicht. Die Flugzeuge kreisten den ganzen Tag über dem Wald und feuerten von Zeit zu Zeit aus Maschinengewehren. Wenn auch nur ein einziger Schuss fiel, geriet Perełkas jüngerer Bruder Haczko in eine solche Panik, dass er kreischte und losrannte, ganz allein in den Wald. Man musste ihn immerzu im Auge behalten.

Vater entfernte sich etliche Meter von unserer Gruppe, machte sich aus Ästen eine Hütte und hockte allein darin. Dachte nach oder beobachtete. Perełka besiegte die Krankheit, fühlte sich von Tag zu Tag besser, bis sie endlich wieder ganz gesund war. Die Luftangriffe der Deutschen wurden immer häufiger. Sobald sie irgendetwas ausmachten, warfen sie gleich Bomben oder schossen. Fieberhaft hielten wir Ausschau nach besseren Plätzen und sichereren Wäldern.

Eines Tages liefen wir mehrere Stunden. Wir hatten Hunger und waren sehr erschöpft. Wollten endlich irgendwo haltmachen. Plötzlich umringten uns Partisanen. Nach der Erklärung brachten sie uns zu ihrem Stab. Wie staunten wir und noch mehr, wie freuten wir uns, als wir die Unsern aus der Familie Wajs-Krzyżanowski vor uns sahen, die wir in jener denkwürdigen Nacht während des Übergangs über die Bahngleise verloren hatten. Viele Zigeuner, auch aus unsrer Familie eine Menge, sind dabei umgekommen …

Wir waren auf eine große russisch-polnische, durch Versprengte von der Front verstärkte Partisanenabteilung gestoßen. Unseren Kindern gaben sie was zu essen. Selber waren sie bereit zum Abmarsch. Sie wollten sich durch die Frontlinie schlagen und warteten nur noch ab, bis die Deutschen aufhörten, den Wald aus einem Großkalibergeschütz unter Beschuss zu nehmen. Die Deutschen schossen aufs Geratewohl. Ich erinnere mich an das schreckliche Geräusch, das das Geschoss machte. Der Abschuss selber war leise, vermutlich stand das Geschütz weit weg. Doch wenn das Geschoss über den Wald hinwegflog, war das ein so fürchterliches Getöse, dass ich meinte, ich würde direkt getroffen. Die Geschosse explodierten nicht weit von uns. Die Anführer sagten:

»Wir sollten bald abmarschieren, sie erwischen uns sonst jeden Moment.«

Abends verstummte das Geschütz. Man konnte einschlafen. Wir schliefen nicht lange, bald schon weckten uns unsere Eltern, weil wir mit den Partisanen aufbrechen mussten, um uns durch die Frontlinie zu schlagen.

In den Sümpfen

Vater hatte ein bisschen Fleisch gegessen, das wir von den russischen Partisanen bekommen hatten. In der Nacht klagte er über Bauchschmerzen. Gleich morgens meldete sich das Geschütz von neuem und der Beschuss wurde immer gefährlicher. Die Partisanen brachen rasch auf und wir nach ihnen. Vater war jetzt so ernsthaft krank, dass er hohes Fieber bekam und sich immer wieder erbrechen musste. Die Zigeuner hielten mit den Partisanen Schritt. Wir gingen ganz hinten. Schließlich sagte Vater, er schaffe es nicht mehr, und wir verloren die anderen aus den Augen. Blieben allein zurück: Mama, Papa und fünf Kinder.

»Mag kommen, was will! Wir könnten zu einem ukrainischen Dorf gehen und uns dort verstecken«, schlug Mama vor.

Vater legte sich hin und konnte dann nicht mehr aufstehen. Mama fing an zu weinen, und wir weinten mit ihr.

»Das ist unser Ende!«

Es war März 1944, die bescheidenen Vorräte waren aufgebraucht. Mama trug uns auf, etwas Essbares zu suchen, vielleicht wuchsen irgendwo junge Brennnesseln. Die fanden wir nicht, pflückten stattdessen die Blüten von den Blaubeersträuchern. Mama kochte daraus Tee. Vater trank ihn und nach ein paar Tagen war er wieder gesund, doch die Unsern konnten wir nicht mehr finden. Später erfuhren wir, dass viele Partisanen umgekommen waren, nur ein kleines Grüppchen hatte es durch die Front geschafft. Von Zigeunern kein Wort.

Wir begannen durch die großen Wälder zu irren, zwei Tage, ohne etwas zu essen. Wir ernährten uns allein von den Blaubeerblütchen. Unser Nachtquartier hatten wir inmitten von Buschweiden, die im Sumpf üppig wuchsen. Zu dem Werder gab es nur einen Durchlass. Man musste um das Moor herum und man musste den Pfad genau kennen. Die Mücken stachen erbarmungslos. Mama befürchtete, wir könnten Typhus bekommen. Sobald es dämmerte, machten wir uns auf den Weg. Vater vorneweg, wir im Gänsemarsch hinterdrein. Irgendwann brach er in haltloses Weinen aus, von dem er später zu Mama sagte, dass es uns Kindern galt, weil er immer wieder daran denken musste, dass wir mit Sicherheit zugrunde gehen würden – entweder durch die Deutschen oder durch die Banderas oder durch Hunger. Wir legten ungefähr einen Kilometer zurück. Dann sagte Vater:

»Ruht euch aus, ich gehe mich umschauen, ob es in der Nähe nicht eine Chaussee gibt. Mir kommt es so vor, als hörte ich Autogeknatter.« Nach einer halben Stunde war er wieder da, er hatte sich nicht geirrt. Autos befuhren eine Landstraße, und alle dreihundert Meter standen am Wegrand Schilderhäuschen mit deutschen Wachen. Vater fand für uns eine Stelle, die mehr Sicherheit bot, und er selber ging auf Erkundung aus. Wir saßen anderthalb Stunden, doch von Vater keine Spur.

»Rührt euch nicht vom Fleck«, befahl Mama.

Dass man ganz still sein musste, wussten wir längst.

»Ich gehe ihm entgegen. Vielleicht ist ihm was zugestoßen.«

Sie nahm Staszek und ging, aber auch sie kam lange nicht wieder. Wir blieben allein: Tańka, Adelka und ich. Nach Stunden kamen die Eltern und Staszek zurück. Mama schaute auf unsere vom Weinen verquollenen Augen und teilte ein Stück von dem Brot aus, das Vater aufgetrieben hatte. Den Rest steckte sie weg. Später erzählte uns Vater, wie er an das Brot gekommen war. Er hatte sich näher an den Weg und ein Wachhäuschen herangepirscht, sich im Gebüsch versteckt. Lag da und beobachtete. Er wartete auf den Moment, da sich die Wache von dem Häuschen entfernt, doch der Soldat ging die ganze Zeit hin und her von einer Seite zur anderen. Vater überlegte, ob in jeder Bude ein Deutscher war oder ob es mehrere waren. Es waren mehrere. Nach einer Stunde fuhr ein Auto mit deutschen Soldaten zum Wachtwechsel vor. Aus dem Häuschen traten noch zwei deutsche Wachen, und nachdem der Wachtwechsel vollzogen war, fuhr das Auto davon.

»Ich wollte schon wieder zurück, als plötzlich aus einem anderen Häuschen etwas gerufen wurde. Aus ›meinem‹ kamen alle drei heraus, zwei gingen und einer blieb. Jetzt wartete ich nur noch, dass auch der sich ein bisschen entfernte. Ich kroch an das Häuschen heran, und als sich der Deutsche an die fünfzig Meter entfernt hatte, schlüpfte ich wie eine Schlange hinein. Ein ganzer Laib Kommissbrot! Ich griff es mir und verschwand rasch zwischen den Sträuchern. Frohgemut kehrte ich auf demselben Weg zurück. Nicht weit von unserm Versteck traf ich Mama.«

Wir versteckten uns weiterhin in den Sümpfen. Die Pflanzen erwachten allmählich zum Leben. Wir aßen alles, was essbar war – Blätter, Blüten. Vater suchte die Plätze, an denen Partisanen biwakiert hatten, in der Hoffnung, dass sie etwas zurückgelassen, verloren oder weggeworfen hatten. Die Partisanen hatten ihre Pferde mit Getreide gefüttert, und Vater hatte den Einfall, nach den Körnern zu suchen, die den Pferden aus dem Maul gefallen waren. Ständig ging ich mit ihm auf Suche. Wenn wir einen solchen Platz fanden, sammelten wir Körnchen für Körnchen in einen Beutel. Mama kochte Suppe daraus – nur mit Sumpfwasser, ohne Salz, ohne alle Zutaten. Das Wasser mussten wir aus den Sümpfen nehmen. Manchmal waren weniger Würmer drin, manchmal mehr. Mama goss das Wasser durch einen Lappen, und so tranken wir es. Hin und wieder, wenn die Umstände es erlaubten, kochte Mama es ab.

Einmal, als ich mit Vater auf Nahrungssuche ging, stießen wir auf die Lagerspuren russischer Partisanen. Beim Absuchen dieser Stelle bemerkte ich ein Stück Segeltuch, das aus dem Erdboden hervorguckte. Ich zeigte es Vater.

»Nicht anfassen!«, rief er. »Die Partisanen könnten es vermint haben, damit es den Deutschen nicht in die Hände fällt.«

Mit großer Vorsicht besah sich Vater das Segeltuch, danach nahm er einen großen Knüppel, legte sich auf die Erde und stocherte darin herum. Endlich hatte er den Fund freigelegt. Wir erblickten zunächst einen Gewehrlauf und dann, nach weiterem Graben, ein ganzes Arsenal von Waffen unterschiedlichen Kalibers. Mit Sicherheit war es ein zu heikles Gepäck, um es uns aufzuladen. Vater durchsuchte den Waffenvorrat. Es gab automatische Waffen, normale Gewehre und solche zur Panzerabwehr, doch ihn interessierte nur eins mit gebrochenem Kolben.

»Das ist eine Knarre, wie ich sie beim Militär hatte«, freute er sich. »Belgisches Fabrikat.«

Ich warf Vater einen Blick zu und sagte:

»Aber Papa, das Gewehr hat einen Knick. Hier gibt es doch so viele automatische. Maschinengewehre.«

»Das ist alles nichts für mich. Damit kenne ich mich nicht aus«, erwiderte er.

Er nahm die ausgesuchte Waffe, machte den Kolben fest und trug sie an einer Schnur. Mit Patronen gab es keine Schwierigkeiten, an jedem ehemaligen Partisanenstandort fand sich jede Menge davon.

Die Tage wurden wärmer, aber die Nächte waren immer noch kalt. Streichhölzer hatten wir keine, bloß ein Feuerzeug. Es war dies ein Stück gebogener Stahl. Um Feuer zu entfachen, brauchte man die folgende Garnitur: Feuerzeug, Feuerstein und die Asche von einem verbrannten Stückchen Stoff. Vater entnahm einem Schächtelchen die Asche, streute sie auf einen Klotz, mit der linken Hand hielt er den Feuerstein dicht an die Asche. Die Funken, die durch das Aufeinandertreffen von Feuerzeug und Feuerstein entstanden, fielen auf die Asche, die zu glimmen begann. Rasch brachte Vater sie mit trockenem Zunderschwamm zusammen und blies, bis sich ein Flämmchen zeigte. Feuer entfachten wir aus trockenem Buschweidenholz. Weidenäste ohne Rinde gaben ein rauchloses Feuer; der Rauch war unser Feind.

Niemals machten wir abends Feuer. Um nachts nicht zu frieren, machte Vater dies auf dem ausgewählten Schlafplatz nachmittags. Eine Zeitlang ließ er das Feuer brennen, und wenn die Dämmerung hereinbrach, löschte er die Glut und scharrte die Kohlen beiseite. Zum Zudecken hatten wir nicht viel, nur zwei große Planen und ein Stück Zeltstoff als Regenschutz. Den Zeltstoff hatte uns ein Russe gegeben, der damit sein Pferd abgedeckt hatte. Eine Plane breitete Mama auf der vom Feuer noch erwärmten Erde aus, mit der anderen deckten wir uns zu, so hatten wir es einigermaßen warm.

Eines Tages brachte Vater aus einem Dorf Bienenwachs mit, mit dem er eine Plane einreiben und daraus ein kleines Zelt machen wollte, denn gewachster Stoff lässt kein Wasser durch. Das Stück Zeltplane, das wir hatten, war zu schwer zum Tragen, wir wollten es zurücklassen. Die Tage wurden immer länger, man wollte essen, doch damit stand es immer schlechter. Wir schwollen an vor Hunger, am meisten Vater. Ich nahm ein Stück Wachs und fing an zu kauen, eigentlich den noch enthaltenen Honig auszusaugen. Alle Geschwister machten dasselbe. Vater sah es mit Tränen in den Augen. Er stand auf und ging weg, wie er das üblicherweise tat. Nach einer Weile kam er wieder und berichtete von einem großen Vogelnest auf einem hohen Baum.

»Vielleicht sind Eier drin«, überlegte er.

Er schnitt zwei lange Stäbe zurecht, band sie aneinander und wir zogen los, um das Nest vom Baum zu holen. Als es sich neigte, fiel ein großes Vogeljunges heraus. Wir überlegten, was das wohl für ein Vogel sein mochte, doch Mama sagte:

»Was für einer auch immer, wir essen ihn sowieso.«

Die Eltern töteten den Vogel, nahmen ihn aus und rupften ihn. Wir Kinder pflückten Sauerampfer. Mama kochte Sauerampfersuppe, sogar mit Salz, beschafft in einem Dörfchen. Wir aßen diesen Vogel Stückchen für Stückchen zwei Tage lang, um nicht krank zu werden. Er war sehr sehnig, hatte keinen Geschmack und er roch nach Fisch.

Miszka und die anderen

»Wir hocken schon zu lange an ein und demselben Fleck«, sorgte sich Vater. »Das ist gefährlich, jemand könnte uns entdecken.«

Wir kehrten dorthin zurück, wo wir zuvor gewesen waren, ungefähr drei Kilometer weiter. Gleich früh machte sich Vater auf, um etwas zum Essen aufzutreiben. Man hätte irgendein Wild erlegen können, aber nicht mit Vaters Gewehr. Zur Not hätte es zum Erschlagen getaugt, aber Schießen durfte man ohnehin nicht, um die Deutschen nicht auf den Plan zu rufen.

»Ich gehe und überlege, wie und wo ich ein bisschen Proviant zu fassen kriege«, erzählte Vater später. »Wie ein Fuchs schleiche ich mich lautlos an. Das hat mich der Wald gelehrt. Ich blicke mich nach allen Seiten um, weil man sehr wachsam sein muss. Ich wittere Rauch. Ich pirsche mich an und – sehe sieben Russkis in Uniform. Einer sitzt Wache am Feuer, der Rest schläft unter freiem Himmel. Ich sprang vor, zielte mit dem Gewehr auf ihn und schrie:

›Ruki wwierch!‹*

Im Sitzen hob er erschrocken die Hände, die Übrigen sprangen auf und taten dasselbe. Ich fragte:

›Was seid ihr für welche?‹

---

* »Hände hoch!«

›Russische Soldaten‹, antworteten sie, ›Versprengte von der Front.‹

›Keine Angst, ich bin auch aus dem Wald. Habt ihr zu essen?‹

›Wir haben nichts.‹«

Nach kurzer Unterredung nahm Papa sie mit zu uns. Es waren dies: Miszka, Wołk und Wańka und vier andere, an deren Namen ich mich nicht erinnere. Wir fühlten uns mit ihnen unbeschwerter und ein wenig sicherer. Wenn Vater in ein Dorf nach Proviant ging, nahm er vier mit und drei blieben bei uns.

»Wir waren auf dem Hof von einem Ukrainer«, erzählte Vater, »und hier fingen Deutsche an zu schießen. Wir gingen zu einer anderen Hütte, nahmen uns einen Hammel und Kartoffeln.«

Dadurch hatten wir für längere Zeit zu essen. Wie die meisten Zigeuner hatte Vater nie zuvor Hammel- oder Rindfleisch gegessen. Ein Überbleibsel in unserer Tradition aus der Zeit unserer Ansässigkeit in Indien? Nach jener Exkursion jedenfalls aß er zum ersten Mal Hammelfleisch. Die Russen machten ihn zu ihrem Anführer. Sie waren so unbeholfen. Immerzu sprachen sie davon, dass sie hier in den Wäldern ihr Grab finden, dass sie ihre Familien niemals wiedersehen würden.

Nach dem Erobern des Hammels kam der Ukrainer, sein ehemaliger Besitzer, mit den Deutschen in den Wald. Offensichtlich hatte er uns ausfindig gemacht. Gleich am Morgen, als Mama uns Kartoffeln kochen wollte, hörte Vater Äste knacken. Mama hielt es für irgendein Tier, Vater kam das Geräusch verdächtig vor. Er lauschte, machte ein paar Schritte in die Richtung, aus der das Knacken kam, und erstarrte, als er Deutsche erblickte und den Ukrainer, wie sie Äste schnitten, auf den Morast legten und sich in unsere Richtung bewegten. Vater hastete zu uns zurück:

»Nichts wie weg, die Deutschen kommen!«

Schnell rannten wir an die zwei Kilometer weit in den Wald, in ein großes, dicht bewachsenes Sumpfgelände hinein. Den Sack mit den Kartoffeln hatten wir an einen Baum gelehnt zurücklassen müssen. Wir saßen ein paar Stunden im Sumpf. Schließlich sagte einer von den Russen:

»Niunia, gehen wir doch nachsehen, ob der Sack mit den Kartoffeln noch da ist.«

Es war schon später Nachmittag, als wir loszogen: Mama, Papa, Miszka und ich. Ich bat Miszka, mir einen glatten Stecken aus einem Haselnussstrauch zu schneiden. Ich hatte immer gern etwas in der Hand. Als wir uns der Stelle näherten, wo unsere Kartoffeln zurückgeblieben waren, verbargen wir uns zunächst im Gebüsch und beobachteten, ob nicht jemand kam. Keiner da, nur das Rauschen des Waldes. Zu unserer Freude stand der Sack unangetastet am selben Fleck. Miszka warnte:

»Niunia, fass den Sack nicht an. Der könnte vermint sein.«

Vater nahm einen langen Stock, wir legten uns hin und er stieß gegen den Sack, dass er umfiel und die Kartoffeln herauskullerten. Rasch schütteten wir sie in zwei Säcke um. Einen warf sich Vater über die Schulter, den anderen Miszka, und wir flüchteten. Wir beeilten uns, um sie noch bei Tage zu kochen. Mama, der Vater und Miszka gingen voran, ich trödelte hinterdrein, malte immer wieder irgendwelche Zeichen in den Sand. Mama trieb mich zur Eile an, damit ich nicht zurückblieb.

Die Deutschen wussten, dass uns der Hunger quälte und wir mit Sicherheit zu den Kartoffeln zurückgehen würden. Sie hielten sich versteckt, um uns zu erwarten. Haben beobachtet, wie wir die Säcke nahmen, und sind unserer Spur gefolgt. Sie wussten genau, dass wir mehrere waren; sie wollten uns alle schnappen und umbringen.

Als wir zu unserm Versteck gelangten, brannte das Feuer noch. Mama sagte zu Tańka:

»Hol Wasser aus dem Sumpfteich und setz die Kartoffeln auf.«

Tańka fing an die Kartoffeln zu waschen. Mama gab dem hungrigen Staszek die Brust, Vater machte wie gewöhnlich eine Runde ums Gelände, zwei Russen saßen auf einem Baumstamm und putzten Kartoffeln. Plötzlich Gewehrschüsse wie ein Blitz aus heiterem Himmel und Gebrüll:

»Hände hoch!«

Ich sprang auf und warf mich in die Flucht, durchquerte wie ein Wilder den Sumpfteich. Normalerweise wäre ich wohl untergegangen, doch die Angst verlieh mir Flügel. Am anderen Ufer floh ich zwischen die Bäume. Ich merkte, dass mich jemand einholte. Es war Miszka, voller Angst, den Tränen nahe, fragte er:

»Was machen wir denn jetzt?«

Plötzlich tauchte Vater vor uns auf.

»Was ist passiert?«, fragte er.

»Oj, Papi, die leben bestimmt nicht mehr«, schluchzte ich.

»Pst, pst, nicht weinen«, redete mir Vater beruhigend zu, »sie sind sicher auch geflüchtet.«

Er nahm mich bei der Hand und wir liefen weiter. Mehr als einen Kilometer, ohne anzuhalten. Wir schlüpften ins

Dickicht, legten uns auf den Bauch und beobachteten das Gelände, bis es dunkel wurde. Kein Schuss war zu hören, keine Stimme. Wir verließen unser Versteck und kehrten zu unserm Lagerplatz zurück. Ich weinte, Vater tat, als weinte er nicht, Miszka allerdings heulte wie ich und jammerte:

»Nun sind wir allein.«

»Wenn sie nicht mehr leben, lohnt es für uns auch nicht mehr«, erwiderte Vater.

Wir stapften durch eine mit Buschweiden bewachsene Waldwiese. Dabei bemerkten wir, dass an frisch geschnittenen Stecken mit Gras größere Hölzchen festgebunden waren. Die Deutschen hatten sich da wohl ihre Route gekennzeichnet. Wir kamen gerade an einer großen Gruppe von Buschweiden vorbei, als Vater sagte:

»Macht hier halt, und ich gehe mich umsehen.«

Auf einmal hörten wir leises Rufen:

»Niunia, Niunia!«

Das war Mutter. Schnell lief ich zu ihr hin. Es zeigte sich, dass alle lebten. Vor Freude brach ich zusammen. Wohl in einem Anfall von Hysterie trommelte ich mit Fäusten und Füßen auf den Boden und weinte. Mama hob mich auf und drückte mich an sich:

»Gott hat gegeben, dass wir alle am Leben sind.«

Wir knieten nieder und sprachen ein Dankgebet. Miszka kniete sich auch hin und faltete die Hände zu Gott. Als wir uns alle beruhigt hatten, begann Mama zu erzählen:

»Als die Deutschen anfingen zu schießen, schrie ich: ›Nichts wie weg!‹ Ich fasse ein Kind bei der Hand und laufe los. ›Aber wo ist Edziu?‹, rufe ich. Tańka schaute suchend umher und da sah sie Adela beim Feuer sitzen. Unter dem

Kugelhagel lief sie zurück, ergriff Adelas Händchen und jagte hinter mir her. Die Deutschen hatten wohl eher die Russkis im Visier als uns Zivile mit Kindern. Gott allein weiß, was sie dachten. Ich wusste nicht, wohin fliehen und wo uns verstecken. Mit den Kindern komme ich nicht weit, dachte ich. Da erspähte ich das dichte Weidengehölz. Wir krochen hinein. Geduckt wie Rebhühner hockten wir da und hielten den Atem an. Ich fürchtete, Staszek könnte zu weinen anfangen. Die ganze Zeit gab ich ihm die Brust. Dank sei Gott, der uns gerettet hat.«

Nachdem alle ihrem Bericht gelauscht hatten, sagte Vater zu Miszka:

»Komm, sehen wir nach, was mit den andern ist.«

Miszka hatte Angst, dass da noch Deutsche waren.

»Keine Sorge! Die Deutschen fürchten nachts die Partisanen«, behauptete Vater. »Ihr bleibt hier und wir bringen was zum Zudecken. Die Lumpen werden sie ja wohl nicht mitgenommen haben.«

Mit großer Vorsicht näherten sie sich dem Lagerplatz. Im Mondschein sah man schon von weitem unsere verstreuten Sachen. Die große Schüssel zum Kinderbaden lag in den Sträuchern. Sie gingen noch näher heran. Offensichtlich hatten die Deutschen nach Wertvollerem gesucht. Vater machte sich eine sogenannte Schlaufe. Das war ein langer Stock mit einem gekrümmten Knorren am Ende. Er legte sich hin und zog mit der Schlaufe einen Gegenstand nach dem andern zu sich heran. Das Gelände war also nicht vermint, und so erhob er sich und sammelte die übrigen Sachen ein. Da sahen sie die Leichen von Wołk und Wania, und Miszka brach in haltloses Weinen aus. Vater konnte ihn nur mit Mühe beruhigen.

»Das war auch mir bestimmt«, wiederholte er immerzu unter Tränen.

Die Uniformblusen der Toten sahen irgendwie ausgebeult aus. Miszka, der sich mit Minen auskannte, darin war er geschult worden, behauptete entschieden:

»Begraben können wir sie nicht. Ich bin sicher, dass die Deutschen sie vermint haben.«

»Hinterhältig haben die Deutschen geglaubt, uns gleich mit umbringen zu können, wenn wir zurückkämen und die Ermordeten begraben wollten«, sinnierte Vater. Ein schrecklicher Anblick im Mondlicht. Die vier Übrigen waren nicht da. Entweder waren sie geflohen oder die Deutschen hatten sie gefasst.

»Jetzt seid ihr meine Nächsten«, schluchzte Miszka.

Der Politruk*

Es war inzwischen Vorerntezeit. Korn aufzutreiben wurde von Tag zu Tag schwieriger. Obgleich längst schon erschöpft vom langen Krieg, säten die Leute dennoch auf ihren Feldern Getreide aus. Der Hunger quälte uns immer unbarmherziger. Mama weinte immer häufiger, wenn sie uns ansah. Bestimmt dachte und prophezeite sie das Schlimmste.

Vater und Miszka nahmen mich manchmal mit, um ihnen zu helfen, das auf den Feldern keimende Getreide aufzuklauben. Eigentlich war es aber so, dass wir Körnchen für Körnchen aus der Erde polkten. Nach einer Weile hatten wir dann eine bestimmte Menge zusammen, woraus Mutter Suppe kochte, oder wir aßen die Körner roh. Von dem Feld, das nahe beim Wald lag, sammelten wir fast alles ein. Das machten wohl nicht nur wir. Die größte Verheerung richtete jedoch mit Sicherheit das Wild auf den Feldern an. Das Feld beim Wald war einigermaßen sicher, weil wir von fern nicht sichtbar waren. Als wir dann auf ein anderes Feld überwechselten, wurden wir vom Besitzer entdeckt. Die Ukrainer bewachten eifrig ihre bestellten Felder.

Die Felder wurden rasch grün. Nichts, wonach man noch hätte gehen können. Es war jetzt auch schwieriger, im Dorf

---

* Politoffizier, Offizier in der sowjetischen Armee mit politischem Auftrag.

etwas aufzutreiben, denn die Bewohner, von allen Seiten beraubt, von den Deutschen, polnischen und russischen Partisanen und ihren eigenen Bandera-Leuten, hatten kaum noch etwas. Eines Abends machten wir uns zum Dorf auf. Vater und Miszka stahlen sich vor ein Haus und guckten durchs Fenster: Im Zimmer brannte eine halb heruntergedrehte Petroleumlampe und davor saß ein älterer Mann und machte ein Nickerchen. Sie beschlossen hineinzugehen. Problemlos gelangten sie in den Flur, denn die Tür stand offen. Im Zimmer richteten sie den Gewehrlauf auf den Alten: »Hände hoch!«

Erschrocken sprang der alte Mann auf.

»Was wollt ihr?«, fragte er.

Wegen des Lärms fanden sich nun auch die übrigen Hausbewohner ein, die in der anderen Stube geschlafen hatten. Vater fiel auf, dass die Kinder wie Zigeunerchen aussahen.

»Was seid ihr für welche?« Er wollte sichergehen.

»Ukrainische Zigeuner«, kam die Antwort.

Vater war gerührt und sein Ton auf einmal ein ganz anderer. Er bekannte, dass er ebenfalls Zigeuner sei. Und sogleich setzte die Unterhaltung in Zigeunersprache ein, über unser Geschick und das erfahrene Unrecht. Einer der Hausbewohner warnte, dass oft Deutsche zu ihnen kämen und Banderas beinah jede Nacht, weil die das halbe Dorf ausmachten.

»Von welchem Stamm seid ihr?«, interessierte sich Vater.

»Wir sind Mukanen.«

»Die Deutschen lassen euch in Ruhe?«, führte Vater das Gespräch fort.

»Vorläufig schon, doch wir leben ständig in der Angst,

dass eines Tages einer meldet, dass wir Zigeuner sind, und dann trifft uns dasselbe Schicksal wie unsere Familie bei Uziutycze.«

Sofort assoziierte Vater, dass es sich dabei um diejenigen handeln musste, die er auf unserer Flucht nach Leżachów gewarnt hatte. Er erzählte ihnen davon und sie brachen in Tränen aus. Was sie hatten, gaben sie – ein bisschen Mehl, Kartoffeln, einen Laib Brot, etwas Anzuziehen für die Kinder. Beim Abschied sagten sie, wir sollten in ein paar Tagen wiederkommen, dann würden sie etwas zum Essen für uns zusammengebracht haben. Als Vater und Miszka zurückkamen und alles erzählten, bat Mama:

»Lass uns zu ihnen gehen, vielleicht gelingt es uns, wie Menschen mit ihnen zu leben.«

»Die leben genauso in Angst wie andere«, erklärte Vater.

Nach ein paar Tagen gingen Vater und Miszka wieder zu den Mukanen, wie sie das mit ihnen verabredet hatten. Leider trafen sie niemanden an, das kleine Haus war leer. Mit den unterschiedlichsten Vermutungen kehrten sie zurück. Keine Ahnung, was mit diesen ukrainischen Zigeunern passiert ist.

Eines Tages gingen wir über fünf Kilometer am Waldrand entlang, als wir unvermutet aus weiter Ferne Hunde bellen hörten.

»Die Familie braucht einen guten Platz«, sagte Vater. »Und wir«, an Miszka gewandt, »wir machen uns später zum Dorf nach Proviant auf.«

Wir fanden einen einigermaßen sicheren Platz. Kaum hatten wir uns etwas ausgeruht, als Vater Miszka schon wieder aufstörte.

»Komm, gehen wir! Besorgen wir was zum Essen.«

Sie gelangten zu einem Gehöft. Vater bat um Milch für die Kinder, doch plötzlich sah er einen Deutschen auf dem Hof. Schnell nahm er das Gewehr von der Schulter und hielt es bereit. Der Deutsche bemerkte es, unternahm jedoch nichts. Offensichtlich hatte er Angst und tat, als habe er nichts gesehen. Als er ging, drohte Vater dem Bauern:

»Wenn ihr uns meldet, lassen wir euch mitsamt eurer Habe in Flammen aufgehen.«

Nicht lange nach diesem Ereignis kamen wegen uns die Deutschen. Wir schafften es kaum zu türmen. Vater versteckte uns in den Sümpfen. Miszka ließ er als unseren Aufpasser zurück und er selbst ging los, um Ausschau zu halten. Dabei stieß er auf russische Versprengte von der Front. Es waren etliche, mit einem Politruk an der Spitze. Er ging mit ihnen zum Auskundschaften Richtung Maciejów. Direkt am Wegrand sahen sie einen deutschen Mantel an einem Ast hängen. Plötzlich tauchte direkt vor ihnen ein Deutscher auf, der sofort schießen wollte, nur dass sich der Politruk als schneller erwies und ihn mit der Automatik durchsiebte. Eine Verfolgungsjagd begann. Sie liefen durch Sumpf und Morast – nur eine kurze Unaufmerksamkeit und sie hätten versinken können. Im Sumpf suchten sie Schutz – bis über die Schultern eingetaucht, mit Zweigen getarnt, die Köpfe mit Grasbüscheln bedeckt. So verbrachten sie Stunden, bis vielleicht sieben Uhr abends. Erst als die Deutschen weg waren, krochen sie aus ihrem Versteck. Sie gingen vorsichtig, schauten sich nach allen Seiten um. Da hörten sie Pferdegetrappel; vier Deutsche auf Reitpferden pflanzten sich an der Wegkreuzung auf. »Greifen wir die ›Schwaben‹* an«, warf einer der Russen hin und stürzte sich mit »Uraaa« auf sie. Die Deutschen hoben die Hände. Die Russen nahmen ihnen Pferde und Karabiner, die Männer ließen sie laufen.

Vater ging uns holen, und abends wanderten wir alle zusammen. Miszka bemerkte, dass wir nahe dem Dorf waren, wo wir den Hammel requiriert hatten. Als die Nacht anbrach, zogen Vater und der Politruk los, um den verräterischen Ukrainer ausfindig zu machen. Sein Haus erkannten sie ohne Schwierigkeiten. Vorsichtig umrundeten sie es. Ein Hund fing an zu kläffen. In der Hütte brannte eine Petroleumlampe. Der Politruk war wie eine Katze. Die Übrigen hatten sich noch nicht einmal richtig umgesehen, als er bereits im Windfang stand. Der Ukrainer hatte kaum die Tür aufgemacht, um zu sehen, was los war; da hatte er bereits die Automatik am Kopf. Vater hielt Wache, zwei Russen führten den Ukrainer zum Schafstall und erschossen ihn. Aus dem Haus nahmen sie etwas Mehl mit, und der Hauswirtin sagten sie, dass sie ihren Mann getötet hätten, weil der uns die Deutschen auf den Hals gehetzt und damit sechs Menschen auf dem Gewissen hatte.

Zwei Tage später veranstalteten die Hitlerleute eine Treibjagd in einem größeren Waldgebiet. Sie stießen auf den Widerstand russischer Partisanen und mussten sich zurückziehen. Die polnischen und russischen Partisanenabteilungen setzten ihnen zu, so dass die Deutschen immer häufiger das Terrain umzingelten. Wir mussten umziehen in einen anderen Wald. Der Politruk bemerkte:

»Mit euch an der Seite wird es schwer sein zu kämpfen.« Und machte sich auf die Suche nach einer russischen Partisanenabteilung.

---

* Verächtlich für Deutsche.

Bevor er ging, gab er Miszka eine bessere Maschinenpistole und eine Menge Munition. Wir mussten über die Hauptlandstraße gelangen. Das war nicht einfach, weil der Weg streng bewacht wurde. Die Wachen waren telefonisch verbunden. Miszka riet abzuwarten, bis sie schlafen gingen. Also hockten wir im Gebüsch und warteten und Vater und Miszka spähten den Weg aus und suchten nach der Stelle, wo man am leichtesten durchschlüpfen konnte. Schließlich fiel ihnen auf, dass unweit eines Wächterhäuschens die Telefondrähte unterbrochen waren. Vater führte uns dorthin und wir kauerten uns nieder, und in dieser Position schliefen wir. Die Deutschen steckten sich Zigaretten an, gaben Schreckschüsse ab und legten sich wohl tatsächlich schlafen. Gegen drei Uhr morgens sollten wir mit der Wegüberquerung beginnen.

»Das muss rasch, geschickt und geräuschlos vonstattengehen«, belehrte uns Vater. »Ich gehe als Erster, die Familie in der Mitte, und du, Miszka, sicherst uns von hinten.«

Wir schlichen uns ganz an den Weg heran, das Allerwichtigste hatten wir noch vor uns: die paar Dutzend Schritte rüberlaufen. Die Deutschen hatten an den Drähten leere Konservendosen angebracht, die schepperten, wenn jemand dagegenstieß. Auf Vaters Zeichen hin setzten wir uns in Bewegung. Alle waren wir schon auf der anderen Seite, als Miszka sich in den Drähten verfing und stolperte. Ehe er sich aufgerappelt hatte, wurden schon die Scheinwerfer eingeschaltet und in unsere Richtung Schüsse abgegeben. Zum Glück schafften wir es runter vom Weg und in Sicherheit.

Ein kalter Morgen brach an, die Mücken stachen unbarmherzig und die Sumpffläche bewegte sich. Wir befanden uns in der Nähe des Dorfes Sztuń, doch wir gingen nicht dorthin. Hundegebell war zu hören, folglich bogen wir in den großen Wald ein. Erschöpft ließen wir uns nieder, um auszuruhen. Vater ging sich umsehen.

In einiger Entfernung machte er gegen einen Kiefernstamm gelehnte Gewehre aus und dicht dabei in einer Laubhütte etwa zehn schlafende Männer. Leise schlich er sich heran, sammelte die ganzen Waffen ein und kam wieder zu uns, um Miszka zu holen. Zu zweit kehrten sie zur Laubhütte zurück und schrien:

»Aufstehen!«

Überrumpelt, sprangen die Männer auf. Vater fragte auf Polnisch:

»Was seid ihr für welche?«

»Versprengte einer polnischen Partisanenabteilung.«

Vater und Miszka gaben ihnen ihre Gewehre zurück und erkundigten sich, wie weit weg die Deutschen waren.

»Rund einen halben Kilometer von hier.«

»Und woher habt ihr die Kartoffeln?«

»Wir haben auf einem Feld, dicht bei einem ukrainischen Haus, eine Miete aufgegraben«, erwiderten sie.

Vater und Miszka schafften an die zwei Meter Kartoffeln herbei, auch ein bisschen Salz hatten sie irgendwo aufgetrieben. Vater machte aus einem Blech eine Reibe, damit Mama Kartoffeln reiben und Kartoffelklöße machen konnte. Doch unser Sättigungsglück währte nicht lange, denn zwei Tage später veranstalteten die Deutschen eine Treibjagd mit Hunden und Flugzeugen. Wir ließen Kartoffeln Kartoffeln sein, konnten gerade noch flüchten. Doch wie kann man dem Hunger entfliehen? Nach Tagen ohne Nahrung begann Vater anzuschwellen, wir alle aßen Blüten und Sauerampfer. Mama fand ein Stück Wachs in einem Beutel, das sie uns gab und selber aß. Wir verkrochen uns auf einer Insel in den Sümpfen.

Ein verwirrter Jude

Wir hatten es in einen riesigen Wald geschafft. Dort hörte man nachts kein Hundegebell und bei Tag kein Autogeknatter.

»Hier ist es ein bisschen sicherer. Wenn's bloß was zu essen gäbe, könnte man hier den Krieg abwarten«, bemerkte Tańka.

Miszka war ruhiger geworden.

»Jetzt, wo ich den Schuft umgelegt habe, ist mir leichter ums Herz«, erklärte er. »Wenn du gesehen hättest, wie der Angst gehabt hat. Beinah hätte er mir leidgetan, aber ich sah Wołk und Wania ermordet vor mir. Der Finger hat von selbst abgedrückt.« Mit diesen Worten verschwand Miszka zum Erkunden des Geländes. Fast eine Stunde blieb er weg. Dann sahen wir ihn mit einem Mann kommen.

»Das ist ein Jude«, informierte er uns. »Aber ich komme nicht mit ihm klar. Alle Augenblicke sagt er was anderes.«

Mama fragte den Ankömmling, was er allein in diesen Wäldern mache.

»Ich suche die Meinen«, antwortete er.

»Wie heißt du?«

»Das darf ich nicht sagen, sonst erschießen mich die Deutschen.«

Mama fragte weiter nichts.

»Setz dich, zusammen finden wir die Deinen, wenn sie noch leben«, sagte Vater.

Er war den ganzen Tag mit uns, aber unruhig. Immerzu wiederholte er:
»Sie leben, stimmt's? Ich weiß es.«
Wir bejahten. Wir hatten nichts zu essen für ihn, wir selbst hatten seit Stunden nichts mehr gegessen. Als Mama uns abends die Lagerstatt richtete, saß er bei einem Baum. Schließlich erhob er sich und ging davon. Vater rief ihm noch nach:
»Wohin, Mann, willst du bei Nacht. Schlaf dich aus, morgen gehen wir zusammen.«
Doch die Worte drangen nicht zu ihm durch.
»Haben ihn die Deutschen zum Ausspionieren geschickt und er tut nur verwirrt?«, überlegte Mama.
Gleich frühmorgens brachen wir auf, um einen besseren Platz zu suchen. An die zweihundert Meter hatten wir hinter uns gebracht, als Adam etwas an einem Baum hängen sah. Wir gingen näher heran und sahen, dass es unser Bekannter, der Jude, war. Er hatte sich an seinem Gürtel aufgehängt. Mama hieß uns wegsehen. Miszka schnitt den Gürtel durch, doch es gab nichts, womit man ein Grab hätte ausheben können.

Das Jesusbild

Wir waren sehr hungrig. Mama hatte für Staszek keine Nahrung mehr. Auf einer Waldlichtung bei einem Bruch wuchsen schöne Brennnesseln.

»Pflückt so viel wie möglich«, befahl der Vater, »wir kochen Suppe daraus. Wenn sich wenigstens zwei, drei Kartoffeln irgendwo auftreiben ließen! Ihr rupft und ich gehe mich umschauen.«

Er war längere Zeit weg. Als er endlich wieder auftauchte, schmunzelte er.

»Wir haben zu essen, wir kommen durch«, triumphierte er, wobei er auf einen halben Laib Brot und ein Stück Speck zeigte.

»Wo hast du denn das her?«, fragte Mama.

»Kundschafter einer russischen Partisanenabteilung haben mich geschnappt und zu ihrem Anführer gebracht. Nachdem geklärt war, wer und was, haben sie mir das gegeben und waren mit unserem Lager in ihrer Nähe einverstanden.«

Es war dies der Czapajew-Trupp. Auch eine Menge polnischer Partisanen stand in Reichweite. Wir verbrachten mit ihnen über einen Monat. Sie hatten Lebensmittelvorräte; jeden zweiten Tag gaben sie uns etwas ab. In ihrem Schutz lebten wir ein wenig auf und fühlten uns sicherer.

Eines Tages fingen die russischen Partisanen an, sich auf ihren Abmarsch vorzubereiten, doch ohne Konsequenzen. Dagegen zogen die polnischen Partisanen ab, in andere Landstriche. Wir rechneten damit, dass bald auch die Russen fortgehen würden. Uns mitnehmen wollten sie nicht. Was verständlich war. Kinder, Frauen bedeuteten Ungelegenheiten. Sie ließen uns etwas Proviant da und marschierten von dannen. Es wurde traurig und gefährlich. Wir mussten den Ort wechseln.

Wieder verkrochen wir uns in den Sümpfen, doch nicht mehr in so dichten wie im vorigen Wald. Vater sagte zu Mama:

»Du sitz hier und ich seh mich um.«

Er bog nach links und da war ein Deutscher mit einer Maschinenpistole. Zum Glück bemerkte er Vater nicht. Papa kehrte um und befahl uns, still zu sitzen und gut auf Staszek aufzupassen, dass er nicht weinte; er selbst aber ging wieder los, diesmal nach rechts. An einem schmalen Pfad sah er alte, zerrissene Lumpen herumliegen. Bestimmt Fußlappen oder irgendein Kälteschutz, dachte er. Zwischen den Lumpen fand er ein bisschen Salz in einem Tuch. Man könnte Sauerampfer pflücken, überlegte er, und irgend so etwas wie eine Suppe kochen. Doch beließ er es nicht dabei, sondern suchte weiter. Er kam zu einer Schonung und bemerkte zu seiner Verwunderung einen Pfad. Auf dem Pfad ein Auto und beim Auto ein paar Deutsche, die sich an irgendwas zu schaffen machten. Nicht weit weg von ihnen stand ein kleiner Sack gegen eine Kiefer gelehnt. Vorsichtig bewegte sich Vater auf ihn zu. Er war schon ganz dicht dran, als sich ein Deutscher unter dem Auto hervorschob und direkt auf ihn zuging. Vater erstarb vor Angst. Er hatte ein Gewehr, doch er war allein, und die waren viele. Der Deutsche machte ein paar Schritte, blieb bei einem Baum stehen und ... befriedigte seine körperlichen Bedürfnisse. Vater gab sich nicht geschlagen. Er kroch an den Sack heran, öffnete ihn ein wenig, und was sah er? Etliche Kilogramm Speck! Im Nu hatte er den Sack gepackt und rannte davon. Zum Glück schaffte er es bis zu uns.

»Was bringst du denn da?«, fragte Mama.

Vater sagte keinen Ton, wies nur grinsend den Sackinhalt vor. Als wir den Speck sahen, kamen uns vor Freude die Tränen. Der Herrgott hatte uns also noch nicht vergessen. Anderntags begab sich Vater mit Miszka an dieselbe Stelle, weil er behauptete:

»Wenn da jemand so viel Speck hinterlassen hat, dann vielleicht sonst noch etwas.«

Sie liefen beim Weg umher. Unweit der Stelle, wo der Sack mit dem Speck gestanden hatte, bemerkte Vater einen Eimer. Er ging näher heran. Im Eimer waren ein paar Kartoffeln. Und unter einem Baum lehnte ein Jesusbild an seinem Stamm. Vater nahm beides und kehrte rasch zurück.

»Der Herr Jesus wird uns vor den Mördern beschützen«, sprach Mama.

Jeden Abend lehnte Mama das Jesusbild an einen Baum, wir alle knieten nieder und beteten, dass er uns vor dem Tod bewahre.

Das Jesusbild ist mit uns bewahrt geblieben bis zur Befreiung. 1979, als Vater im Sterben lag, bat er darum, man möge ihm das Bild in den Sarg legen. Mama nahm das Bild von der Wand, lehnte es gegen ein Kissen, so wie damals in den Wäldern Wolhyniens gegen einen Baumstamm, und wie damals knieten wir nieder, sprachen ein Gebet mit hinzugefügten eigenen Worten und – erfüllten Vaters Wunsch.

Waldspielzeug

Staszek war schon zwei Jahre alt und versuchte sich im Laufen. Er spielte mit Zapfen, ich machte ihm kleine Soldaten aus Kiefernrinde: Die dicke Rinde schälte ich ab, schnitt mit einem Messerchen Arme und Beine aus, und der Kopf zusammen mit dem Hut bestand aus einer Eichel. Ich musste viele Soldaten machen, denn einmal spielen, und es war aus mit dem Figürchen. Einmal machte ich ihm aus der Rinde einer jungen Buschweide, die sich, wenn man sie entsprechend beschnitt, mit Leichtigkeit biegen ließ, ein kleines Pfeifchen. Vater schimpfte mich dafür aus, weil uns Staszek mit seinem Gepfeife ins Unglück stürzen konnte.

Wir spielten so allerlei mit ihm, bloß damit er nicht mit seinem »Buchstabengesinge« anfing. Wenn Staszek sein »tra ta ta, buch buch« krähte, waren wir uns hundert Prozent sicher, dass die Deutschen gleich den Wald beschießen würden.

Für Adela, die sechs war, machte Mama Püppchen aus Zapfen. Aus einem kleineren Zapfen war der Rumpf und aus einem größeren der Rock, das Köpfchen war aus rund geschnittener Kiefernrinde, und die Äuglein waren aus Kohlekrümchen oder Moosbeeren.

Für Adam, zwei Jahre älter als Adela, machten wir mit Vater einen kleinen Wagen auf Kufen aus Haselnuss. Wir schnitten zwei glatte Ruten ab und zwei größere mit Austrieb, solchen Gabeln. Nach gründlichem Säubern von

Ästen und Zweigen banden wir zwei Gabeln zusammen, aus den Ruten machten wir die Bügel und befestigten sie entsprechend. Nur Zigeunerkinder konnten solche Waldspielzeuge machen. Adam spielte stundenlang mit seinem Wägelchen, die Übrigen stillten auf ähnliche Weise ihren Spielhunger.

Bei den Fluchten hatten wir jeder unsere Aufgabe. Ich kümmerte mich um Adam, die 12-jährige Tańka kümmerte sich um Adela und Mama um Staszek. Durch die fortwährende Angst und Not waren wir so gedrillt, dass wir vergaßen, wie man laut spricht oder ruft. Alles ging flüsternd vonstatten. Unter solchen Bedingungen lebten wir sieben Monate lang – von Ende Februar bis September 1944.

Kampf zweier Flugzeuge

Im Wald wurde es immer schöner, es gab immer mehr Blumen, die grünen Blättchen an den Bäumen wuchsen. Man konnte sich schon besser vor den Flugzeugen verstecken. Es war später Nachmittag und der Himmel wolkenlos. Wir saßen still, einige schliefen. Plötzlich hörten wir Maschinengewehrknattern. Adam zeigte auf zwei Flugzeuge am Himmel. So hoch oben sahen sie wie zwei sich jagende Täubchen aus. Alle starrten wir zum Himmel, beobachteten die sich auf Leben und Tod bekämpfenden Flugzeuge.

Der Kampf dauerte ein paar Minuten. Plötzlich quoll bei einem der beiden Rauch aus dem Schwanzende und es begann zu fallen. Wir konnten nicht ausmachen, ob es ein russisches oder ein deutsches Flugzeug war. In dem Moment, als es schnell und außer Kontrolle auf den Wald herunterstürzte, sprang der Pilot aus der Maschine. Das siegreiche Flugzeug flog jetzt tiefer, schickte dem Fallschirmspringer eine Maschinengewehrgarbe nach und drehte bei. Das abgeschossene Flugzeug stürzte etwa einen Kilometer von uns entfernt nieder; der Wald fing an zu brennen.

»Jetzt können auch wir getrost ein Feuer machen, das raucht«, sagte Vater.

Dazu kamen wir jedoch nicht, denn über dem Wald war nunmehr ein deutsches Flugzeug aufgetaucht, eines mit zwei Schwänzen, ein sogenannter Rahmen. Vor solchen Flugzeugen fürchtete ich mich sehr, denn in Bendziuga wären wir um ein Haar durch einen solchen Schweinehund umgekommen. Das Flugzeug flog im Kreis, suchte mit Sicherheit nach dem Piloten. Wir waren froh, dass das abgeschossene Flugzeug wohl ein deutsches gewesen war.

»Die Front muss ziemlich nah sein«, konstatierte Miszka.

»Merkwürdig nur, dass man keine Kampfgeräusche hört«, wunderte sich Vater.

»Wir werden noch so manches Mal vor Hunger anschwellen«, mischte sich Mama ein.

Wir hatten ein wenig Mehl. Tańka holte Wasser aus dem Sumpf und Mama machte den Teig für einen kleinen Fladen, während Vater ein Feuer aus rauchlosem Holz anzündete. Wir warteten auf diesen Fladen wie auf die heilige Oblate. Nachdem das Holz heruntergebrannt war, scharrte Mama die Glut beiseite, bis zum Sand, auf den sie den Fladen legte. Den bestreute sie mit heißem Sand, der obenauf mit Glut bedeckt wurde. Nach etwa fünfzehn Minuten holte sie einen schön gebräunten Fladen heraus. Ihn teilte sie in kleine Stückchen – gab erst uns Kindern, dann bekamen die Erwachsenen ihre Portion. So buken die Zigeunerinnen im Lager die Fladen.

Später bereitete Mama eine Suppe aus Speckschwarten zu. Wir saßen beim Feuer, als unvermutet ein großes Wildschwein hervorbrach. Vater ergriff die Flinte. Ich bettelte, nicht zu schießen. Falls er nicht traf, konnte das Tier uns angreifen. Das Wildschwein kam mit dem Leben davon. Ich aber bat Vater um Entschuldigung mit der Erklärung, dass schließlich auch dem Wildschwein das Leben lieb ist.

Vor dem Schlafengehen sprachen wir immer unser Gebet, bei dem Mama zum Schluss stets hinzufügte: »Auf dass Gott uns und alle guten Menschen vor dem Tod bewahren möge.« Miszka schloss sich unserem Gebet nie an.

Milochs Familie

Die deutschen Flugzeuge warfen jetzt immer häufiger Bomben ab, von denen der Wald in Brand geriet. Vor dem Feuer mussten wir uns dort verstecken, wo Wasser war. Wir verkrochen uns so tief in solchen Dickichten und Mooren, dass man die Welt nicht sah, nur die Unmenge Mücken und all das ganze Ungeziefer. Wir waren mit Moor- und Waldgeruch durchtränkt, weshalb wohl die Insekten uns gnädig behandelten und nicht allzu sehr stachen. Vater und Miszka gingen auf Suche. Wir saßen an diesem neuen Ort wie Vogeljunge im Nest, die darauf warten, gefüttert zu werden. Plötzlich hörte Mama das Knacken von Reisig, so als ginge jemand in unsere Richtung. Sie legte den Finger an die Lippen. Ans Stillsein gewöhnt, verharrten wir angsterfüllt, als sich vor uns ein völlig abgemagerter Mensch sehen ließ, wild behaart, mit eingefallenen Wangen, in einen langen schwarzen Mantel gekleidet, der völlig in Fetzen schien. Er sah furchtbar aus. Er erblickte uns und erschrak. Lief weg, kehrte aber gleich wieder um. Schüchtern näherte er sich uns und fragte mit leiser Stimme:

»Wer seid ihr?«

»Zigeuner«, erwiderte Mama.

Er sah, dass wir ängstlich waren. Er sagte:

»Vor mir braucht ihr euch nicht zu fürchten, ich bin Jude. Heiße Miloch.«

Er ließ sich nieder und fragte:

»Habt ihr was zu essen?«

»Nein. Der Mann ist eben weg, um was aufzutreiben.«

»Ich suche auch, aber was kann man finden in diesem Wald, außer Hunger. Und wenn nicht Hunger, dann den Tod.« Er stand wieder auf und ging davon.

Vater und Miszka kehrten mit leeren Händen zurück. Sie beschlossen, abends in das Dorf zu gehen, das sie schon früher ausgekundschaftet hatten. Es lag mindestens fünf Kilometer weit weg. Mama berichtete von dem Juden.

»In der Frühe wechseln wir den Platz, man weiß ja nicht, was das für einer ist«, sagte Vater. »Vielleicht markiert er bloß den Juden.«

Tańka und Adam fanden einige Büschel Hasenampfer. Wir aßen langsam, Blättchen für Blättchen, um den Hunger zu überlisten.

Adam und ich hatten die ganzen Beine zerkratzt und die Füße wundgescheuert von den Schuhen, die uns die Partisanen gegeben hatten. Sie waren zu groß und zu schwer, in ihnen zu gehen und wegzulaufen war beinah unmöglich. Vater beschloss, uns »barlacze« zu machen. Das sind Treter aus geflochtener Weidenrinde, den *kirpce* der Górálen* ähnlich. Vater verstand sich darauf, Ukrainer hatten es ihm beigebracht. Er schärfte das Messer und ging, die Rinde von stattlichen Weiden zu schälen. Er verstand es, das Holz gleichmäßig einzukerben und die Rinde ohne Schaden herunterzureißen. Er brachte weiche, solide Rinde an. Mit einem Stock nahm er unsere Füße Maß, begab sich in den Schneidersitz und fing an zu flechten. Das machte er schnell und geschickt. Nach dem Flechten musste

---

* Bergbewohner (Hohe Tatra)

das Schuhwerk noch mindestens zwei Tage in der Sonne trocknen. Als sie dann fertig waren, zogen wir sie rasch an und rannten los wie verrückt. Die Treter waren leicht und bequem.

Gleich am frühen Morgen besuchte uns erneut der Jude Miloch. Diesmal kam er mit Frau und vierjährigem Töchterchen. Er fragte Vater, ob er mit uns zusammen sein dürfe, denn wenn sie weiterhin auch nur einen Moment allein blieben, verlören sie den Verstand.

»Ihr könnt bei uns bleiben«, sagte Vater, »in Gemeinschaft verreckt sich's fröhlicher.«

Nicht weit weg von uns, vor einem Weidenholm, richteten sie sich eine Schlafstatt ein. Ihr Töchterchen hustete heftig. Vater sagte zu Mama:

»Wir müssen uns was einfallen lassen, denn sonst verrät uns der Husten.«

Mama befahl Miloch, junge Kieferntriebe abzureißen, und sie selber grub im Wald Wurzeln einer Pflanze aus, die nur Zigeunern bekannt war. In der Zeit, als wir noch im Tross reisten, bin ich so manches Mal mit Mama diese Pflanzen suchen und ihre Wurzeln ausgraben gegangen. Später trocknete Mama sie zwei Tage in der Sonne. Die trockenen Wurzeln nahm sie zum Wahrsagen mit und sie pflegte sie Landstreichern zu schenken. Die alten Zigeunerinnen nannten die Pflanze »śmietannik«*.

Als Miloch die Kieferntriebe heranbrachte, schnitt Mama sie zusammen mit den Wurzeln klein, goss heißes Wasser auf die Masse und stellte das Töpfchen über Nacht beiseite. Am Morgen befahl sie dem Mädchen, drei, vier

---

* śmietana (poln.) – Sahne, Rahm

Mal täglich davon zu trinken. Die Mixtur war sehr bitter und schmeckte scheußlich, doch nach zwei Tagen hustete das Kind nicht mehr.

Gemeinsam war uns leichter und fröhlicher zumute in diesem unserem Elend. Nachts gingen die Männer nach Proviant in die Dörfer, doch es wurde immer gefährlicher, weil die ganze Umgebung voller Deutscher und Banderas war, die Partisanen auflauerten. Bei einer der Treibjagden flüchtete der Jude Miloch mit Familie in die eine Richtung und wir in die andere, verloren uns im Wald. Und sind uns nie wieder begegnet.

Man spürte die Front näher kommen. Nachts hörte man das Donnern der Geschütze. Vor dem Schlafengehen sprachen wir gemeinsam ein Gebet, und am Ende fügten Mama und Vater hinzu:

»Auf dass Gott uns und alle guten Menschen vor dem Tod bewahren möge.«

Miszka sah uns zu, sagte aber nie etwas. Als ich ihn fragte, ob er an Gott glaube, sah er mich nur stumm an.

Wieder brach ein Tag an, und wir hatten nichts zu beißen. Vater sagte zu Miszka:

»Wir müssen irgendein Wild erlegen, sonst sterben wir vor Hunger. Weit weg von unserem Versteck, damit wir keine Gefahr auf uns ziehen.«

Sie luden die Waffen und gingen. Ich, Tańka und Adam nahmen einen Topf und ein scharfes Messer, mit dem sich Vater manchmal rasierte. Das Messer war an einem Stein so gewetzt worden, dass Vater ein ausgerissenes Haar damit durchschnitt. Wir wollten Birken anzapfen, um ein wenig Saft zu gewinnen, doch die Bäume hatten die eigenen Blätter zu ernähren und gaben keinen Saft mehr. Beim

Sumpf fanden wir Brennnesseln. Die brühte Mama und so aßen wir sie. Vater und Miszka blieben lange weg, doch schließlich tauchten sie mit einem erlegten Hirschkalb auf. Obwohl wir nie zuvor Wild gegessen hatten, freuten wir uns jetzt sehr darüber. Es war ein richtiges Fest. Und eine Zeitlang hatten wir etwas für den Kochtopf.

**Ich konnte ihm nicht
den Gnadenschuss geben**

Vater ging nach Weidenästen fürs Feuer und ich mit Miszka nach geraden langen Gräsern, weil der damit prahlte, dass er als Kind Körbe zu flechten verstanden hatte. Wir konnten jetzt allerdings nicht finden, was nötig war, also gaben wir am Ende auf und kehrten um. Miszka behauptete, dass wir, wenn wir am nächsten Tag weitergingen, zu einer größeren Sumpffläche, wir bestimmt die entsprechenden Gräser finden würden, und wenn nicht, machten wir die Körbchen eben aus Weidenrinde. Wir waren schon dicht bei unserem Lager, als wir jemand Fremden laut reden hörten. Miszka nahm das Maschinengewehr ab, mir befahl er zu warten und begann sich anzuschleichen. Ängstlich saß ich da und betete. Mit Donnerstimme schrie Miszka:
»Hände hoch!«
Da hörte ich Vater sagen, dass es Frontsoldaten seien.
Das hören und zu Vater flitzen war alles eins. Bei ihm saßen drei Männer in Uniform, und auf dem Boden lagen ihre Gewehre.
»Keine Sorge, Edziu, das sind genauso Leute wie wir«, redete Mama mir gut zu.
Einer von ihnen musterte mich und fragte:
»Edik, skolko tiebia liet?«*
»Sieben.«

---

* »Edzik, wie alt bist du?«

»Wot choroszo, gieroj.«*

Er fasste mich um und drückte mich an sich. Mit brechender Stimme sagte er, dass er einen Sohn in meinem Alter habe, aber nicht wisse, was mit seiner Familie ist, ob sie noch lebt. Danach unterhielten sich die Erwachsenen miteinander, vorwiegend über den Krieg und ob man überleben würde. Tańka flüsterte mir in unserer Sprache zu, dass das zwei Russen sind und der Schnurrbärtige ist ein russischer Jude. Sie saßen bis zum Abend mit uns zusammen. Schließlich schickten sie sich an zu gehen. Mama riet ihnen, bei uns zu übernachten.

»Wir können die Nacht nicht tatenlos zubringen«, entgegneten sie. »Wir gehen ins Dorf, um was zum Essen zu ergattern. Wenn es gelingt, bringen wir was für die Kinder.«

Sie verabschiedeten sich und machten sich auf. Ein Tag verging, ein zweiter, aber sie kamen nicht wieder.

»Kommen die Russen noch?«, fragte ich.

»Wohl nicht«, sagte Vater.

Am Ende wechselten wir den Aufenthaltsort, aßen, was noch an Essen da war, und Vater verabredete sich mit Miszka zu einer Nahrungssuchaktion. Es war längst Nachmittag, die Sonne ging langsam unter. Vater hatte sich hingelegt, um sich vor dem Streifzug ein wenig auszuruhen. Ich hielt Miszka die ganze Zeit vor, dass er mit den Körbchen nicht Wort gehalten habe, bald gäbe es Erdbeeren und da wäre so ein Körbchen doch praktisch.

»Edik, wenn du auch nur eine Erdbeere findest«, lachte Miszka, »mach ich dir ein Dutzend Körbchen.«

Auf einmal hörten wir jemanden kommen. Wir legten

---

* »Das ist gut, bist ein Held.«

uns auf die Lauer und hielten uns bereit. Einen Augenblick später trat eine bekannte Silhouette hervor, hinter ihr eine zweite. Die Männer trugen etwas auf dem Rücken. Gutgelaunt setzten sie sich und begannen wortlos Nahrungsmittel aus den Säcken zu ziehen: Kartoffeln, Brot, Speck, Mehl und noch etwas.

»Und für dich, *gieroj,* haben wir was mitgebracht, das dir nützen wird«, sagte der Soldat und holte einen Feldstecher unter der Uniformbluse hervor.

Vor Freude machte ich einen Luftsprung.

»Aber unter der Bedingung, dass du ihn auch deinem Vater borgst.«

Sie hatten zwei Feldstecher.

»Und wo ist euer dritter Kamerad?«, erkundigte sich Vater.

»Er kommt schon noch, der kommt. Den nimmt selbst der Teufel nicht.«

Und nach ein paar Minuten tauchte tatsächlich der russische Jude auf, wie Tańka ihn genannt hatte.

»Und dich heißen sie wie?«, wandte er sich an Mama.

»Jewdonia.«

»*No, Jewdonia, bieri.* Und gib den Kindern zu essen.«

Vor Freude hätten wir die Soldaten fast geküsst. Sie stellten sich vor: Einer war Borys, der andere Jewgienij, und der, der einen Sohn in meinem Alter hatte, packte mich und warf mich in die Luft. Später nahm er mich auf den Schoß und erzählte von seinem Sohn und was für Schabernack der dauernd trieb. Er wischte die Tränen weg:

»Vielleicht gibt Gott, dass ich meine Familie wiedersehe.«

Mama tröstete ihn, dass gewiss alles gut ausgehen wird. So viel haben wir schon durchgemacht, da wird uns Gott auch weiterhin beistehen. So ganz glaubte sie wohl selber nicht an ihre Worte.

»Wir bleiben noch bei euch, das ist lustiger für euch und für uns. Hier sind Kinder, also geht es zu wie in einer Familie, und verteidigen kann man sich leichter im Trupp.«

Eines Tages machten sich unsere Armisten zu einem Ausfall auf ein Dorf bereit. Sie marschierten los und kamen erst spätnachts zurück. Sie kamen mit leeren Händen, denn sie waren von Deutschen beschossen worden und gerade mal mit dem nackten Leben davongekommen. Sie waren furchtbar erschöpft. Mama gab ihnen zu essen und sie legten sich sofort schlafen. Anderntags saßen wir alle zusammen, nur Miszka legte sich ab und an auf die Lauer. Borys, der von den Kameraden die meiste Energie besaß, grübelte:

»Warum jagen sie diese Hitlerfaschisten nicht nach Berlin? Die haben doch schon keine Kräfte mehr, wenn sie solchen wie uns zu Leibe rücken.«

Später erzählte er, wie er auf der Flucht vor den Deutschen seinen besten Freund zurücklassen musste, dessen beide Beine abgerissen und der von dem Granatwerfergeschoss ganz zerfetzt war.

»Er flehte mich an, ihm den Gnadenschuss zu geben, aber ich konnte nicht«, erinnerte sich Borys. »Einer von unseren Armisten erschoss ihn. Bis an mein Lebensende werde ich seine Augen voller Verzweiflung sehen.«

»Denk nicht dran«, bat einer der Russen. »Wir müssen uns überlegen, wo wir noch nach Nahrungsmitteln suchen können, denn wie du siehst, sind sie immer schwieriger aufzutreiben. Zu viele Deutsche und Bandera-Leute.«

Vater schlug vor, gemeinsam zu gehen.

»Besser wir teilen uns in zwei Gruppen auf«, riet Borys. »Wir gehen zu dem einen Dorf und ihr zu einem anderen. So kommen wir rascher an etwas zu essen.«

Es war längst Nachmittag, als alle Männer aufbrachen. Nach ein paar Stunden kamen Vater und Miszka zurück, brachten auch etwas mit. Die Armisten kamen nicht wieder, wir hörten bloß den Widerhall einer verbissenen Schießerei.

»Wenn das bloß nicht sie sind«, seufzte Mama. »Möge Gott sie beschützen.«

Eine Nacht verging, ein Tag, aber sie erschienen nicht mehr. Wir sammelten unsere bescheidene Habe ein und suchten uns einen anderen Platz. Wir sind ihnen niemals mehr begegnet.

Das Waisenkind

Wir schritten einen Waldpfad entlang, schmal und überwuchert, den bestimmt seit Jahren niemand entlanggefahren oder -gegangen war. Wohin er führte, wussten wir nicht. Wir gingen vorsichtig, blickten aufmerksam in die Runde. Mama sagte:

»Niunia, vielleicht warten wir besser hier, und du geh und orientiere dich, wohin dieser Pfad führt.«

Vater und Miszka gingen, um das Gelände auszukundschaften, und wir verkrochen uns im dichten Gestrüpp. Lange kamen sie nicht wieder. Mama wurde immer unruhiger und wiederholte in einem fort:

»Warum bleiben sie bloß so lange weg?«

»Wir sitzen da und sorgen uns, deshalb kommt es uns so lange vor«, versuchte uns Tańka zu beruhigen.

Vater und Miszka gingen vorsichtig. Miszka nörgelte:

»Wir sollten sie nicht allein lassen.«

»Gut, gut, es passiert schon nichts, wir gehen gleich zurück«, entgegnete Vater.

Schließlich mündete der Pfad in einen anderen, ausgetreteneren. Sie kehrten um, hatten an die dreihundert Meter zurückgelegt, als Vater sich an Miszka wandte:

»Miszka, riechst du das? Hier stinkt's nach Aas.«

»Ja, ich riech's auch.«

Sie machten sich auf die Suche. Bald, nicht weit vom Pfad entfernt, erblickten sie ein totes Reh und bei ihm ein halbtotes winziges Rehkitz. Vater hob es auf und brachte es uns.

»Es will auch leben«, sagte er. »Es muss aufgepäppelt werden und die Kinder haben ein bisschen Freude.«

Mama freute sich über ihre Rückkehr, doch als sie das kleine Rehlein auf Vaters Arm sah, schimpfte sie ihn aus und hielt ihm vor, dass schon wir kaum leben und nun schleppe er noch Wild an zum Betreuen. Wir Kinder hätten vor Freude beinah laut losgeschrien.

»Wir füttern es!«, riefen wir.

»Aber womit?«, überlegte Mama. »Ihr seid selber vor Hunger halb tot und habt nichts zu beißen. Es muss Milch haben, um zu überleben.«

Wir gaben uns nicht geschlagen. »Es wird essen müssen, was wir essen, wenn es leben will«, sagte ich.

Anfangs gaben wir dem Rehlein Wasser durch ein Weidenröhrchen. Für so ein Röhrchen brauchte es einen jungen Trieb, ein gerades Stück ohne Knorren, das ringsum beklopft wurde, die Rinde ging leicht ab, und das Röhrchen war fertig. Mit dieser Methode machten wir Pfeifen und Flöten. Abends ärgerte sich Mama noch immer, doch auf unser Betteln hin gab sie für das kleine Reh ein paar Tropfen Milch aus ihrer Brust. Die musste sie von der für Staszek bestimmten Nahrung abknapsen. Die Milch verdünnten wir mit Wasser und nährten damit das Kitz, das von uns den Namen *Sierotka* (*Waisenkind*) bekam. Sierotka fühlte sich von Tag zu Tag wohler, bald zeigten sich kleine dunkle Flecken im Fell.

Die Tage gingen dahin und uns fiel das Überleben immer schwerer. Mama wurde krank, bekam hohes Fieber, und wir fürchteten, dass es Typhus wäre. Vielleicht war es das auch. Wir konnten nicht den Lagerplatz wechseln, doch in einer Region zu bleiben war gefährlich. Wegen Mamas Krankheit musste Staszek abgestillt werden, den wir jetzt mit Waldtee und Blau- und Erdbeerblättern ernährten. Statt Muttermilch bekam Staszek ein bisschen Zucker, den wir nur für ihn hatten. Tańka schüttete den Zucker auf ein Läppchen, band es mit Schnur oder Faden zu und fertigte so einen Schnuller, an dem Staszek, nicht ohne sich zu sträuben, zu saugen begann. Mama brauchte Medizin und eine leidliche Ernährung, sonst konnte es übel ausgehen. Sie wurde schwächer, konnte nur sitzen, von Stehen keine Rede.

Vater und Miszka entschieden sich für ein Dorf, obgleich solche Vorstöße inzwischen immer gefährlicher geworden waren. Die Dörfchen und Vorwerke wurden von Banderas kontrolliert oder es hielten sich Deutsche darin auf.

Sie brachen nachmittags auf, gingen sehr lange und noch dazu in die Irre, weil sie nicht wussten, wo der Wald zu Ende war. Vater hatte abends wiederholt gesagt, dass irgendwo nicht weit weg eine Chaussee den Wald schneiden musste, weil Geräusche von Fahrzeugen zu hören waren. Sie versuchten diese Richtung einzuschlagen. Nach langem Marsch sahen sie das Häuschen. Eine Weile behielten sie es im Blick, schließlich robbten sie vorsichtig heran und hielten es für leer. Als sie das Häuschen betraten, erblickten sie tote Menschen: Frau, Mann und ein kleines Mädchen. Sie saßen dicht beieinander, wie in Schlaf versetzt.

»Sicher sind sie verhungert oder eine Krankheit hat sie dahingerafft«, bemerkte Vater.

»Nicht mehr lange und auch wir werden hungers sterben oder an irgendeiner Krankheit«, kommentierte Miszka.

»Dauernd siehst du bloß den Tod. Man muss ans Überleben glauben. Vorerst wacht Gott noch über uns.«

Schweigend gingen sie weiter, gelangten zum Hauptweg und dicht am Straßengraben duckten sie sich hin, um die ab und an vorbeifahrenden Autos zu beobachten. Es waren meistens welche mit deutschem Militär.

»Ziehen wir uns zurück«, entschied Vater, »hier gibt's nichts, kein einziges Haus. Gehen wir den Weg entlang, irgendwo muss er ja hinführen. Zu irgendeinem Dörfchen.«

Miszka schnitt einen Stecken ab, von dem er die Rinde schälte, trieb ihn in den Boden und sagte:

»Das soll das Zeichen sein, wo wir entlanggegangen sind und wie wir zu den Unsern kommen.«

Sie legten an die vier Kilometer zurück. Endlich war der Wald zu Ende und sie erblickten in einiger Entfernung ein Vorwerk, etliche weit voneinander entfernt verstreute Häuser. Sie verkrochen sich im Gebüsch und warteten auf die Nacht. Vater legte die Jacke ab, breitete sie auf der Erde aus und begab sich zur Ruhe. Zu Miszka aber sagte er:

»Du kannst vorläufig aufpassen, ich ruhe mich ein bisschen aus. Danach wechseln wir uns ab.«

Die Stunden zogen sich in die Länge. Vater schlummerte und Miszka wachte. Bis er unvermutet so laut ausrief, dass Vater wach wurde:

»Smotri, Niunia!«*

Als Vater sich umwandte, erblickte er ziemlich in der Nähe ein großes Wildschwein, das sie anstarrte. Sachte nahm Miszka sein Maschinengewehr und legte auf das Tier an.

---

* »Sieh mal, Niunia!«

»Nicht schießen! Du holst uns noch die Deutschen auf den Hals.«

Das Wildschwein stand da, hatte es nicht eilig, wieder zu verschwinden. Schließlich hatte es offenbar genug davon, auf Menschen zu starren, und es verdrückte sich. Allmählich wurde es Abend. Vater beriet sich mit Miszka, zu welcher Hütte sie zuerst gehen wollten. Auf einmal Gewehrschüsse. Irgendwer rannte auf sie zu. Instinktiv zielten sie mit der Waffe in diese Richtung. Aus dem Buschwerk brach das wohlbekannte Wildschwein, raste direkt auf sie zu, wich ihnen aus und rannte auf den Acker beim Vorwerk. Ihm nach ein paar Deutsche, die um ein Haar mit Vater und Miszka zusammengestoßen wären. Doch die Männer waren dermaßen im Jagdfieber, dass ihnen die beiden nicht auffielen. Als sie vorbei waren, flüchteten Vater und Miszka rasch ins Waldesinnere.

Sie warteten ab, bis es dunkel geworden war, und machten sich dann zum Vorwerk auf. Eine der Hütten hatten sie bereits längere Zeit ins Auge gefasst. Niemand kam heraus, eine ältere Frau ausgenommen, die von Zeit zu Zeit etwas in den Stall trug. Sie warteten darauf, dass die Petroleumlampe erlosch. Vorsichtig näherten sie sich. Als sie schon bei der Pforte waren, begann ein Hund zu bellen. Irgendwer kam herausgerannt und fing an in ihre Richtung zu schießen. Vater und Miszka warfen sich zu Boden, warteten ab, bis nicht mehr geschossen wurde, und dann versuchten sie, klammheimlich in den Wald zu entkommen. Im selben Augenblick richteten sich Taschenlampen dorthin, wo man sie vermutete, und das Maschinengewehrfeuer verstärkte sich. Kugeln pfiffen über sie hinweg und sie warfen sich erneut zu Boden. Miszka robbte zu Vater heran.

»Was machen wir jetzt?«, fragte er.

»Kriechen wir zum Wald, hier schießen sie uns sonst wie Enten ab.«

Hastig krochen sie los. Als sich die Schießerei für einen Moment legte, sprangen sie auf und rannten, was das Zeug hielt. Atemlos stürzten sie in den Wald, ließen sich zu Boden fallen, um wieder zu Atem zu kommen.

»In diesem Dorf gibt's nichts zu holen«, brachte Vater mühsam hervor. »Wer weiß, welche Teufel es bewachen.«

Sie brachen auf, um am Waldrand entlanglaufend ein anderes Dorf zu suchen. Nach einer Stunde Gewaltmarsch kamen sie zu einer größeren Ansiedlung. Wortlos wandten sie sich dem erstbesten Gebäude zu. Miszka flüsterte:

»Nicht zu der Hütte, sie liegt dicht beim Wald, zu der geht jeder. Besser wir gehen weiter ins Dorf hinein, bis dahin kommt nicht jeder, weil er Angst hat.«

Vater gab ihm recht. Und sie pirschten sich bis in die Mitte des Dorfes vor, zu einem Haus mit dem matten Schein einer Petroleumlampe. Fielen überraschend in das Haus ein, wobei sie »Hände hoch!« schrien.

»Tötet mich, dann brauche ich mich nicht mehr zu quälen«, murmelte auf Ukrainisch eine kranke Alte von ihrem Bett aus. Der Mut sank ihnen, als sie das hörten.

»Wir wollen dich nicht umbringen, bloß was zum Essen auftreiben, wir haben auch eine Kranke.«

»Ich hab nichts, alles von den Deutschen geplündert«, sagte die Frau mit gepresster Stimme. »Nehmt die paar Kartoffeln, die in dem Eimer im Flur sind, und das halbe Brot. Das ist alles, was ich hab.«

Sie ließen alles stehen und liegen und gingen zu einer anderen Hütte. Dort nahmen sie zwei Brote, ein Stückchen

Speck, einen halben Eimer Roggen, ein paar Kartoffeln und Salz, weil mehr nicht da war. Rasch gingen sie wieder und lenkten ihre Schritte auf den Wald zu. Plötzlich hörten sie Hunde kläffen, eine nach der anderen gingen die Lampen an. Sie beschleunigten den Schritt. Die Nacht war mondlos, finster. Schwer, den Weg ausfindig zu machen. Die ganze Zeit gingen sie in die Irre. Es begann zu tagen und sie trippelten im Kreis. Schließlich und endlich sagte Vater:

»Ruhen wir uns aus. Sobald es heller geworden ist, finden wir den Weg leichter.«

Sie hatten sich kaum hingesetzt, als sie auch schon schliefen, so erschöpft waren sie. Hundegebell weckte sie. Als sie die Augen aufschlugen, erblickten sie ein ganzes Spalier von Deutschen mit Hunden, die direkt auf sie zukamen. Sie erkannten jetzt die Stelle wieder, wo in der Nacht scharf auf sie geschossen worden war, und warfen sich unverzüglich in die Flucht.

Während der ganzen Zeit ihrer Abwesenheit weinte Mama, und wir weinten mit ihr. In einem fort wiederholte sie:

»Bestimmt hat man sie geschnappt oder sie sind umgekommen; in der Nacht ist ja dort in der Richtung dauernd geschossen worden. Wenn sie nicht zurückkommen, brauchen wir hier nicht zu hocken, weil wir ganz einfach verhungern. Wir begeben uns in die Hände der Deutschen und Gott steh uns bei.«

Es war schon später Nachmittag, als wir Schritte vernahmen. Wir hielten den Atem an. Doch als sich die vertrauten Silhouetten zeigten, schrien wir alle gleichzeitig los vor Freude.

»Still, still«, beruhigte uns Vater. »Die Deutschen veranstalten eine Treibjagd, wir müssen woandershin, weiter weg. Die Nahrungsmittel, die wir mitgebracht haben, reichen uns für längere Zeit.«

Und wieder wurde das Brot geteilt wie eine Oblate.* Mama fühlte sich von Tag zu Tag besser, das Rehlein hingegen schlechter. Bis es nach ein paar Tagen aus Mangel an Nahrung verendete. Wir Kinder weinten, am heftigsten Adela, weil sie es gewesen war, die sich die ganze Zeit um Sierotka gekümmert hatte. Wir machten dem Tier ein Grab, mit einem kleinen Kreuz aus Haselnussruten.

---

* poln. Weihnachtsbrauch für den Heiligen Abend

Ein Mann mit einem Maschinengewehr

Endlich war es richtig Frühling geworden, an den Bäumen nahm das Blattwerk zu, immer mehr Blumen zeigten sich auf den Lichtungen und im Wald. Die Nächte wurden kürzer und die Tage länger. Und der Appetit wuchs und wuchs. Wir waren abgemagert, hatten kaum noch Kraft, und die wurde von Tag zu Tag weniger. Immer öfter weinte Mama bei unserem Anblick.

Eines Tages brach Vater, wieder einmal, mit Miszka zum Kundschaften und zur Proviantsuche auf. Wir blieben zurück wie Vögel im Nest, nur mit dem Unterschied, dass Vögel instinktiv wissen, wann sie in warme Länder ziehen und wann sie zurückkehren müssen. Wir hingegen wussten nicht einmal, welcher Tag gerade war, welcher Monat. Am Geschützdonner allein erkannten wir, dass die Front näher kam. Als Vater und Miszka mit leeren Händen zurückkehrten, sagte Mama:

»Macht euch keine Sorgen, das Unterholz im Wald sprießt jetzt üppiger und bietet so mancherlei Nahrung.«

Wir saßen alle still, wie jeden Tag. Nur Staszek tappelte ungelenk vor sich hin und verlor alle Augenblick die Balance. Miszka trat einen Moment beiseite, kam aber gleich wieder und flüsterte:

»Da kommt wer, man hört Reisig knacken.«

Mama griff rasch das Kind und drückte es an die Brust,

damit es keinen Lärm machte, alle schmiegten wir uns ein, wo immer es nur ging – wie Rebhühner –, damit man nur ja nichts von uns sah. Vater und Miszka entsicherten die Waffen, hielten sich bereit. Nach einer Weile zeigten sich die Umrisse eines Mannes mit Maschinengewehr, der in unsere Richtung ging. Als er schon nicht mehr weit weg war, gab er vor, uns nicht zu sehen, und blickte zur anderen Seite. Danach wandte er sich um und ging denselben Weg zurück. Vater sagte ganz leise:

»Rasch, wir packen zusammen und türmen. Bestimmt war der zum Auskundschaften da. Bestimmt hat er uns gesehen, und jetzt benachrichtigt er seine Leute.«

Wir warfen uns in die Flucht, schafften aber nicht einmal hundert Meter, als wir schon umzingelt waren, die Gewehrläufe auf uns gerichtet.

»Ruki wwierch!«, schrien die bewaffneten Männer.

Und zwei davon befanden sich sogleich mit einem einzigen Satz neben Miszka und Vater, rissen ihnen die Waffen aus den Händen, packten sie gleichzeitig am Genick und drückten sie zu Boden. Als sie dort lagen und wir vor Angst zu weinen anfingen, trat einer der Angreifer – hochgewachsen, in Langschäftern, offensichtlich von einem Deutschen, oder vielleicht war er selbst Deutscher, der sich als Partisan ausgab, eine Methode der Hitlerleute, um Partisanen aufzuspüren – auf uns zu und fragte:

»Was seid ihr für welche?«

Mama sagte rasch:

»Wir sind ukrainische Zigeuner.«

»Ihr, ukrainische Zigeuner? Warum seid ihr dann nicht mit Ukrainern zusammen im Dorf, statt euch hier zu verstecken?«

»Wir verstecken uns vor den Deutschen, weil wir dunkel sind. Die würden uns schnell rauskennen und ins Getto sperren.«

»Steht auf!«, wandte er sich an Vater und Miszka und stieß Vater mit dem Stiefel an. »Kommt mit uns mit, wir werden uns gleich davon überzeugen, ob es die Wahrheit ist.«

Es waren ihrer mehr als zwanzig. Als wir schon über drei Kilometer hinter uns gebracht hatten, erkannten wir, dass es Banderas waren. Sie befahlen uns stehenzubleiben, einer ging weg und kam nach rund zwanzig Minuten mit einer Frau und einem Mann zurück. Sogleich traten sie an uns heran und fragten die Ankömmlinge:

»Sind es die?« Mit Blick auf Vater und Miszka.

»Wir wissen's nicht genau. Es war Nacht, und bei dem schwachen Licht kann man nicht richtig was erkennen«, antworteten Mann und Frau.

»Sie sind das mit Sicherheit«, befand der Große mit den Langschäftern. Er befahl Vater und Miszka, ihm zu folgen. Mama fing an zu weinen und sie wiederholte immer wieder, dass sie doch niemandem etwas Böses getan hätten. Der Große in den Langschäftern schenkte dem keine Beachtung. Vor einem Baum ließ er Vater und Miszka Aufstellung nehmen und zog die Pistole aus der Pistolentasche. Wir kreischten und heulten. Vater war weiß wie Papier. Der Große drehte sich um und rief:

»Ruhe, sonst knalle ich euch alle ab!«

Der Frau taten wir offenbar leid, denn sie sagte:

»Das sind ganz bestimmt nicht die Männer. Die waren untersetzter und dicker.«

Und der Mann pflichtete ihr bei.

Der Große knurrte vor sich hin. Er war sichtlich aufgebracht, sein Gesicht war gerötet. Wir sollten ihnen ins Dorf folgen, und raschen Schrittes entfernte er sich mit seinen Leuten auf dem Weg in den Wald. Uns ließen sie mit der armen Frau und dem Mann stehen. Mama ergriff die Hand der Frau und küsste sie.

»Du hast meine Kinder nicht zu Waisen gemacht«, bedankte sie sich. Und Vater stammelte:

»Lieber Herr, was ist euch zugestoßen, dass sie uns ermorden wollten?«

»Man hat heute Nacht meinen Sohn umgebracht.«

»Weshalb?«, fragte Mama.

»Das wissen wir nicht. Er war Sotnik. Uns haben sie an den Beinen aufgehängt, und wenn die nicht gekommen wären, die euch umbringen wollten, wäre es wohl um uns geschehen gewesen.«

»Wofür hätten wir euch etwas antun sollen? Ihr seht doch, wir haben eine Familie, Kinder. Und was habt ihr uns getan, dass wir so mit euch umgehen sollten?«, versicherte Vater. Die Frau brach in Tränen aus, am Ende sagte sie:

»Geht eurer Wege. Mag Gott euch geleiten.«

Sie wandten sich zum Gehen. Nur der Mann bemerkte noch knapp:

»Flüchtet, so weit ihr könnt, damit sie euch nicht mehr hier antreffen.«

Ein Hufeisen, das sich aufzuheben lohnt

Wir siedelten auf einen anderen morastigen Flecken über. Derselbe Wald – groß und düster. Außer dem Himmel, Weidendickicht und Grasbüscheln auf dem Sumpfwasser gab es nichts zu sehen. Wir legten unsere Bündel nieder und Vater ging, sich umzuschauen, das Gelände zu erforschen und zu prüfen, ob unser Platz sicher von allen Seiten ist und im Falle einer Bedrohung eine rasche Flucht ermöglicht. Erfreut, ja mit Tränen in den Augen kam er sehr schnell wieder zurück.

»Was ist denn los?«, fragte Mama.

»Wir bleiben am Leben. Ich habe in einem mit Erde überdeckten Sack Roggen gefunden. Die Partisanen waren sicher in Eile und haben nicht mehr geschafft, die Kuhle ordentlich zuzuschütten, die Sackenden guckten raus.«

Eilig liefen wir zu der Stelle und begannen mit Händen und was sich sonst noch eignete, die Erde wegzubuddeln. Als der Sack herausgezogen war, zeigte sich, dass er an die drei Eimer Getreide, zwei Helme und etliche kaputte Gewehre ohne Munition enthielt. Eines suchte Vater heraus, das zur Abschreckung dienen mochte. Unweit der Grube fand Adam ein altes, sehr abgenutztes und schon mächtig verrostetes Hufeisen.

»Nicht wegwerfen!«, rief Mama. »Es wird uns Glück bringen.«

Wir trugen die Beute zu unserem Lagerplatz, und Mama machte sich unverzüglich daran, aus dem bereits muffigen Getreide Suppe zu kochen. Als das Essen fertig war, schüttete sie es in eine große Waschschüssel – das einzige Gefäß, das wir besaßen. Wir setzten uns drum herum und schlabberten diese Brühe ohne jeden Geschmack mit Hilfe der Holzlöffel, die uns die russischen Partisanen gegeben hatten. Nach dieser Mahlzeit setzte sich Vater unter einen Baum, holte das Hufeisen hervor und besah es sich von allen Seiten. Später sagte er:

»Dieses Hufeisen muss ein schönes Stück Weg hinter sich haben.«

Seine Augen wurden feucht. Er erinnerte sich wohl an die schönen Tage im Familientross und seine Wanderfahrten. Wortlos steckte er das Hufeisen in den Sack mit all unserer Habe.

Irgendwann vernahmen wir das Geräusch von Flugzeugen. Direkt über dem Wald war dies ein so schreckliches Dröhnen, dass einem die Ohren weh taten. Es waren sehr viele Flugzeuge, die offenbar an die Front flogen. Deutsche Bomber, wie Vater sagte. Mit ihrem Verschwinden in der Ferne verschwand auch das Grausen, es wurde wieder still und friedlich.

Vater und Miszka gingen wie gewöhnlich auf die Suche. Eine Weile blieben sie weg, doch ein Beutezug gelang nicht, sie erschienen mit leeren Händen.

»Kann man denn nicht ein bisschen Korn mahlen?«, fragte ich Vater.

»Nein, das geht nicht.«

»Und wenn man was auf einen Stein schüttet und mit einem anderen das Korn reibt?«, überlegte ich.

»Für einen Fladen müsste man den ganzen Tag reiben, und dann – woher die Steine nehmen?«, äußerte Vater seine Bedenken.

»Und wenn man ein bisschen Korn in einen Lappen wickelt, den auf einen Baumstumpf legt und mit was Schwerem draufhaut?« Ich gab mich nicht geschlagen.

Mein Gequengel bewirkte, dass sich Vater entschloss, meinen Einfall in die Tat umzusetzen. Mama gab ein Leinenhandtuch her, Vater streute eine Handvoll Korn hinein, wickelte das Tuch drum herum, legte das Bündelchen auf einen dicken umgestürzten Baum und schlug mit dem Gewehrkolben darauf ein. Nach ein paar Minuten wurde das Korn zu einem sehr groben Mehl, aus dem Mama in der Asche einen einzigen kleinen Fladen buk. Ich war auf meinen Einfall, der jeden Tag verbessert wurde, mächtig stolz. Vater und Miszka besorgten einen kleinen Eichenstubben mit einem Loch, das sie täglich ausbrannten und mit einem Messer weiter aushöhlten, bis dann endlich unsere »Mühle« fertig war. In die Öffnung wurden jeweils zwei Handvoll Korn geschüttet und mit einem ebenfalls eigenhändig gefertigten Stampfer das Korn so zerstampft, dass man ein feineres Mehl gewann, aus dem man Klößchen machen und Fladen backen konnte.

Dann ging es mit dem Getreide zu Ende und Vater quälte erneut die Sorge, woher man etwas bekam, um den Hunger zu stillen. Um jeden Preis musste irgendwelcher Proviant aufgetrieben werden. Es war noch immer Vorerntezeit und uns würgte die Angst.

Unbewaffnet

Wir flüchteten von jenem unglücklichen Ort, wo die Bandera-Leute Vater und Miszka beinah erschossen hätten, und kehrten zu unserem vorherigen Versteck zurück, dorthin, wo Mama krank geworden war. Von dem Tag an war Vater nicht mehr er selbst, niedergedrückt, ohne Lebenswillen. Er war zutiefst verstört und fand sich nicht zurecht. Wir befürchteten sogar, er könnte den Verstand verlieren. Einmal fragte ihn Mama, was ihm fehle. Er wollte nicht heraus mit der Sprache, erwiderte bloß:

»Gut, dass wir leben. Offenbar hat Gott es so gewollt.«

In den Nächten fuhr er auf und murmelte im Schlaf. Es verging einige Zeit, bis er sich wieder gefasst hatte und auch schon davon zu reden begann, unbedingt Nahrungsmittel aufzutreiben, weil wir sonst die Freiheit nicht erlebten. Waffen hatten wir keine, die Bandera-Leute hatten sie uns abgenommen, und davon, mit bloßen Händen in die Dörfer zu gehen, konnte keine Rede sein.

»Wir müssen um jeden Preis eine Waffe in die Hände kriegen«, behauptete Vater energisch.

»Wozu das denn? Der Krieg wird nicht mehr lange dauern«, mischte sich Mama ein.

»Im Wald kann man Teufel aller Arten antreffen, darum ist eine Waffe nötig, und sei es zur eigenen Verteidigung.«

»Wir müssen sie den Deutschen wegnehmen«, entschied Vater. »Wir überfallen sie an der Chaussee.«

Der Abend kam. Vater machte sich mit Miszka zum Dorf auf. Sie trugen nur ein Beil und ein Bajonett bei sich, das Miszka immer im Stiefelschaft stecken hatte. Sie drangen zum Hauptweg vor, den häufig deutsche Transporte befuhren, mit Waffen, Munition sowie Militär. Diese Hauptkommunikationslinie wurde wegen der Partisanen streng bewacht, damit diese sie nicht verminen konnten. Vater und Miszka stahlen sich ganz nah heran und verbargen sich im Gesträuch. Sie beobachteten lange Zeit ein Schilderhaus und die Wachen, aber die Gelegenheit, eine Waffe zu erbeuten, ergab sich nicht. Resigniert, mit leeren Händen kamen sie zurück. Es gab kein Korn mehr, Vater und Miszka waren sich darin einig, dass man nur noch im Dorf etwas zum Essen finden mochte.

»Geht heute lieber nicht, ich hatte einen bösen Traum«, bat Mama.

»Wie kann man denn heute noch so abergläubisch sein«, spöttelte Miszka.

»Du glaubst nicht an Gott, wie kannst du dann überhaupt was glauben«, fuhr ihm Mama in die Parade.

»Jeder liebt und glaubt auf seine Weise«, verteidigte sich Miszka.

Sie schlichen sich zu einer Hütte, die auf freiem Feld stand, weitab von dem Dörfchen Sztuń. Um sie herum wuchsen ein paar schon nicht mehr junge Obstbäume. Auf dem Hof standen sie beide und lauschten, ob die Hausbewohner eventuell schon schliefen. Kein Wortwechsel, keine Schritte waren zu hören. Vater wunderte sich, dass kein Hund da war und sich weder Vieh noch Pferde durch Geräusche bemerkbar machten. Er öffnete das Tor zum Pferdestall – er war leer. Sie traten ans Fenster des Hauses, und auch da war nichts festzustellen. Ruhigen Schritts ging Vater auf die Haustür zu. Als er sie aufmachte, blickte er in einen leeren Raum. Das ganze Haus war leer. In der Hoffnung, doch noch etwas zum Essen zu finden, begannen sie mit der Suche, doch sie fanden nicht einmal eine einzige Kartoffel.

Sie gingen zu den nächsten Hütten und suchten sich eine ohne Nachbarn aus. Sobald sie sich ihr genähert hatten, begann der Hund zu kläffen und in der Stube ging die Lampe an. Obgleich das Fenster verhängt war, konnten sie durch einen Spalt sehen, wie viele Hausbewohner sich in der Stube aufhielten. Es waren zwei Männer und eine ältere Frau. Sie beobachteten und warteten ab, was die Bewohner machen würden. Der Ältere zog sich an, nahm etwas in die Hand und trat in den Windschatten hinaus. Vater und Miszka machten sich rasch davon, denn sie waren sicher, dass der Mann eine Waffe hatte. Sie umrundeten weitere Hütten, doch unbewaffnet fürchteten sie sich hineinzugehen. Es dämmerte schon. Miszka wurde nervös. Er zog das Bajonett aus dem Stiefel und setzte geschmeidig wie eine Katze über den Zaun. Er klopfte, doch niemand öffnete, also stemmte er sich aus voller Kraft mit der Schulter gegen die Tür, bis sie mit einem Knall aufflog und er in die Stube einfiel. Ohne sich nach Vater umzudrehen, schrie er:

»Hände hoch, oder ich schieße!«

Doch keiner antwortete, es war keiner da.

»Wir haben kein Glück heute Nacht. Schon das zweite leere Haus«, sagte Vater.

Sie durchstöberten die ganze Wirtschaft und fanden in einer Kammer nur einige Kartoffeln, ein bisschen Hirse, zwei Knoblauchknollen und eine Futterrübe.

»Gut, dass Gott uns wenigstens das gegeben hat«, sagte Vater. Und rasch verließen sie die Behausung, denn es tagte bereits. Als sie zu uns zurückkamen, war es längst hell. Sie waren so erschöpft, dass sie das Mitgebrachte fallen ließen und sich schlafen legten. Jedoch nicht für lange, denn zwei Flugzeuge überflogen den Wald.

Ein Flieger im Baum

Wir erkannten sie als deutsche Maschinen. Zuerst kreisten sie hoch oben, dann senkten sie urplötzlich die Flughöhe und begannen mit der Bombardierung der Chaussee. Wie das? Deutsche Flugzeuge bombardieren Deutsche? Alles klärte sich auf, als deutsche Artillerie sie unter Beschuss nahm. Es waren also getarnte russische Flugzeuge. Sie drehten gerade ab, als eines der Flugzeuge zu brennen anfing. Es war getroffen worden. Mit einem großen Rauchschweif stürzte es herab und gleich darauf hörten wir die Explosion.

Zwei Tage waren seit der Bombardierung des Haupttraktes vergangen, und Vater ging, um zu erkunden, ob alles sicher war. Er blieb lange weg. Wir waren seinetwegen schon sehr beunruhigt, als er endlich, völlig außer Atem, wiederauftauchte. Er war offensichtlich gerannt. Mit stockender Stimme sagte er:

»Hört mal, nicht weit von uns, ungefähr ein Kilometer, hängt ein russischer Flieger mit seinem Fallschirm in einem Baum fest. Tot. Gehen wir rasch hin, bestimmt hat er eine Waffe bei sich.«

Miszka sprang auf, sie liefen los, und ich hinterher. Als wir an Ort und Stelle waren, kroch Miszka flink auf den Baum. Er besah sich den Flieger genau und meinte dann:

»Lange kann er sich nicht gequält haben, er hat Schusswunden an Kopf und Hals.«

Er zog das Bajonett aus dem Stiefelschaft und schnitt geschickt die Leinen des Fallschirms durch. Der Flieger fiel zu Boden. Vater und Miszka holten den Fallschirm vom Baum und falteten ihn zu einem kleinen Päckchen zusammen. Ich hatte Herzklopfen – ich konnte nicht hingucken zu dem Flieger, der da auf dem Rücken lag, das Gesicht blutverschmiert, und mit weit geöffneten Augen in den Himmel starrte. Miszka begann den Leichnam zu durchsuchen und fand bei ihm eine Pistole mit zwei Patronenkammern, ein Messer, eine Landkarte und eine Uhr.

»Verzeih mir, Landsmann«, sagte er. »Dir nützen die Sachen nichts mehr, mir schon.«

Dann zog er ihm die Stiefel aus, probierte sie an, aber sie erwiesen sich als zu klein.

»Niunia, dir passen sie sicher, du hast kleinere Füße«, behauptete Miszka.

»Ich will nicht die Stiefel von einem Toten tragen«, platzte Vater heraus.

Als Mama den Fallschirm und die Waffe zu sehen bekam, seufzte sie bloß:

»Der Arme! Hat nicht geahnt, dass hier im Wald, weit weg von der Familie, sein Leben endet. Möge seine Seele Frieden finden. Seine Waffe hilft uns vielleicht, die schwere Lage durchzustehen.«

Anderntags begann Mama gleich von früh an Röckchen und Hemdchen für uns zu nähen. Mit dem Messer schnitt sie zu, mit der Nadel nähte sie. Als alles fertig war, konnte vom Anziehen der Sachen aber keine Rede sein, Vater fragte: »Wozu hast du Röckchen und Hemdchen für die Kinder genäht? Du weißt doch, dass Zigeuner nichts von Toten tragen, zumal Kinder.«

»Ich wollte bloß die Zeit totschlagen«, erklärte Mama.

»Wieso seid ihr so abergläubisch? Jetzt kann man alles machen, wenn man nur das Leben rettet.«

»Du, Miszka, glaubst nicht an Gott und verstehst daher auch keinen Aberglauben«, seufzte Mama.

»Ich bin in einem andern Geist erzogen. Mir hat man von Gott nichts beigebracht, aber ich sage nicht, dass es ihn nicht gibt. An der Front haben meine Kameraden auch nichts von Gott gewusst, doch wenn einer verwundet wurde oder im Sterben lag, bat er nicht Stalin: ›Hilf!‹, sondern sagte: ›Boh, pomyłuj!‹* Oder: ›Boh, pomagi!‹** Das bedeutet, dass jeder Mensch Gott in seinem Herzen trägt.«

»Wenn man an Gott glaubt, lebt es sich leichter«, erwiderte Mama.

---

* »Gott erbarme dich!«
** »Gott, hilf!«

Es starb ein Fremder

Tag und Nacht zogen Kolonnen deutscher Tanks und Lastkraftwagen dahin. Man spürte, dass die Front nah war. Immer lauter meldete sich nachts das Geschützfeuer.

»Die Deutschen scheinen bereits auf der Flucht zu sein«, kommentierte Mama.

»Geb's Gott«, sagte Tańka fromm.

Die Sonne wärmte schon, man war heiter. Wir saßen ohne Miszka zusammen, der war gegangen, um zu observieren. Und er kam und kam nicht wieder. Allmählich wurde es Abend und von Miszka keine Spur.

»Ihm ist bestimmt was passiert«, mutmaßte Vater.

»Vielleicht ist er längst tot.« Mama brach in Tränen aus.

Er war nun schon so lange Zeit mit uns zusammen, dass wir uns an ihn gewöhnt hatten und ihn wie einen Familienangehörigen behandelten. Vater behauptete, wir müssten weg, weil es an Ort und Stelle nicht sicher sei. Kaum begann es zu tagen, da zogen wir aus unserem Versteck aus. Wir gingen einen schmalen Sommerpfad – Vater mit dem Gewehr vorneweg, und wir, die Bündel auf dem Rücken, im Gänsemarsch hinterdrein. Auf einmal sagte Mama:

»Niunia, irgendwer beobachtet und folgt uns. Es knackt unter seinen Füßen.«

»Ist vielleicht ein Tier«, versuchte Vater sie zu beruhigen.

»Wartet hier. Ich geh und seh mich mal um.«

Er hatte das kaum ausgesprochen, als vor uns ein wie

ein Affe behaarter Mensch mit einem Maschinengewehr auftauchte, das er auf uns gerichtet hielt. Mit großer Anstrengung stieß er hervor: »Helft mir!«, stürzte zu Boden und verlor das Bewusstsein. Als Vater zu ihm hinlief, kam er wieder zu sich. Mama gab ihm zu trinken, doch er wollte nicht. Er flüsterte kaum vernehmbar: »Ich sterbe.« Und die Augen fielen ihm zu. Mama und Tańka weinten.

»Wir wissen nicht einmal, woher er kam«, barmten sie. »Wer er war, welcher Nationalität.«

Ein paar Minuten standen wir bei ihm, schließlich nahm Vater die Maschinenpistole und wir gingen weiter. Nach zwei Stunden Marsch krochen wir wie gewöhnlich in einem Sumpfweidendickicht unter. Uns ließ der Gedanke an den toten Unbekannten nicht los, auch wenn das Ereignis selbst nichts Überraschendes für uns hatte; wir waren so oft schon an Leichen vorbeigekommen, aber diesen Mann hatten wir die ganze Zeit vor Augen. Endlich sagte Vater:

»Ihr sitzt still, ich gehe Miszka suchen.«

Er kam abgekämpft wieder. Als er sich niedergelassen hatte, meinte er:

»Bestimmt hat ihn ein Deutscher oder Ukrainer umgebracht.«

An diesem Abend waren wir sehr niedergeschlagen. Mama machte uns den Schlafplatz zurecht, und als wir uns hingelegt hatten, hörten wir, wie sich einer anschlich. Vater packte seine Waffe und hielt sie in Bereitschaft, doch niemand tauchte auf. Im Morgengrauen brach Vater erneut zu Erkundungen in die bewaldete Nachbarschaft auf, kehrte aber mit nichts zurück. Miszka hatte er nicht gefunden.

Am Morgen darauf bemerkte Vater beim Erwachen zu seiner großen Überraschung nicht weit von uns den zusammengekauert schlafenden Miszka. Vater stieß Mama an und legte den Finger an die Lippen, damit alle still blieben. Man konnte sehen, dass Miszka aufs Äußerste erschöpft war. Er hatte keine Waffe bei sich. Mama fielen die Wunden an den Händen auf. Flüsternd teilte sie ihre Beobachtung Vater mit. Miszka wurde wach. Mit zufriedenem Lächeln blickte er uns an und zeigte auf die Kinder, die in tiefem Schlaf lagen. Er drehte sich auf die andere Seite und tat so, als sei er wieder eingeschlafen. Als wir erwachten und ihn sahen, hätten wir am liebsten laut geschrien, wenn das nur möglich gewesen wäre. Miszka küsste uns alle der Reihe nach, und ein wenig später dann begann er zu berichten, was ihm zugestoßen war:

»Ich ging und hielt gründlich Ausschau nach Anzeichen für Gefahr in unserer Nähe, und auch nach einer Möglichkeit, an irgendwelche Waffen zu kommen. An die dreihundert Meter von unserem Versteck entfernt standen urplötzlich wie aus dem Erdboden gestampft mehr als ein Dutzend Bandera-Leute. Eine Chance zur Flucht hatte ich nicht. Sie fragten, wer ich bin, und ich antwortete, Russe, Versprengter von der Front. Sie fragten weiter, nach meinen übrigen Kameraden und wo sie sich verstecken. Ich sagte ihnen, ich bin allein. Ein paarmal bekam ich für meine angebliche Lüge ordentlich was ab. Sie nahmen mich mit zu ihrer Erdhütte am Waldrand. Dort fesselten sie mich mit Stacheldraht an einen in die Erde gerammten Pfahl. Sie drohten mir: ›Du wirst so lange hier stehen, bis du uns sagst, wo der Rest ist. Dann lassen wir dich frei.‹ Sie sammelten sich und gingen in den Wald, nur einer blieb zur Bewachung zurück. Beim Weggehen sagten sie etwas zu ihm, doch ich verstand nichts. Aber ich konnte mir denken, dass es darum ging, mich zu töten. Nach kurzer Zeit waren sie wieder zurück, diesmal mehr als hundert Mann. Ihr Anführer bemerkte mich und fragte, wer ich bin. ›Er sagt, Russe‹, meldete sich meine Bewachung. ›Womit gebt ihr euch ab‹, fauchte der Anführer. ›Ab in den Wald, was zu tun ist, wisst ihr.‹ Die Wache machte mich vom Pfahl los und befahl mir voranzugehen. Ich wusste ja, dass er mich in den Tod führt. Mir fiel mein Bajonett im Stiefelschaft ein, das sie nicht gefunden hatten. Mein Henkersknecht führte mich an die zweihundert Meter von der Erdhütte weg. Was er für einen ausreichenden Abstand hielt. Ich musste stehenbleiben und die Stiefel ausziehen. Ich zog den linken aus und gab ihm den in die Hand, und er beguckte ihn sich aufmerksam. Dann bückte ich mich runter zum rechten Stiefel, zog blitzschnell das Bajonett aus dem Schaft und stieß es ihm in den Bauch. Der Bandera-Mann stürzte zu Boden und ich warf mich in die Flucht, rannte, was das Zeug hielt. Als ich mich schon sicher fühlte, begann ich mit der Suche. Dass man euch nur in den Sümpfen finden kann, wusste ich. Und so suchte ich und suchte, bis ich euch endlich fand.«

Vater wiederum erzählte von dem Mann, der vor unseren Augen gestorben war. Wir beschrieben sein Aussehen und Miszka hatte den Verdacht, dass es der Bandera-Mann war, den er verwundet hatte. Mit Sicherheit war er es nicht, denn ein tödlich Verwundeter wäre nicht imstande gewesen, so weit zu laufen.

Zigeunermedizin

Wir liefen lange, bis es Nacht wurde. Im Sitzen schliefen wir uns unter den Bäumen aus. Sobald es anfing hell zu werden, begab sich Vater auf die Suche nach einem einigermaßen sicheren Versteck für uns. Er fand es wie üblich im Sumpfland, inmitten einer Gruppe von Buschweiden. Rasch begaben wir uns dorthin, und kaum hatten wir uns eingerichtet, schon brachen Vater und Miszka zur Chaussee auf. Offenbar war Adela in der Nacht von etwas gestochen worden, denn ihr Beinchen schwoll an einer Stelle an. Mama sagte:

»Seid ruhig, ich gehe derweil Frösche suchen.«

Alle alten Zigeuner wussten von dieser Heilmethode und wendeten sie an. So wie mir Mama zu Anfang des Krieges einen Frosch auf die Hand gelegt hatte, wollte sie jetzt Adela eine in einen dünnen Lappen gewickelte Kröte auf die Schwellung legen. Nach ein paar Stunden wäre die Schwellung zurückgegangen, doch während Mama auf Froschsuche durch den Morast watete, rutschte sie aus und versank bis zur Taille im Sumpf. Sie klammerte sich an Grasbüschel und Wurzeln, um sich wieder herauszuhelfen. Sie war schon beinah auf eine Grasinsel hinaufgeklettert, als sie eine plötzliche Bewegung machte, so als wollte sie nach etwas Robusterem greifen, und bekam dabei etwas zu fassen, das an Haare erinnerte. Als sie die Hand zurückzog, erstarrte sie vor Schreck: Sie hatte eine Ertrunkene vor sich.

Der Schrecken verlieh ihr die nötigen Kräfte, um schnell aus dem Moor freizukommen. Frösche zu suchen, hatte sie keine Lust mehr. Es gab eine andere Heilmethode: Sie hieß Staszek Pipi auf einen Lappen machen und umwickelte damit Adelas Beinchen. Nach einer gewissen Zeit ging die Schwellung zurück.

Vater und Miszka verirrten sich, konnten den Weg nicht finden. Als sie ihn endlich entdeckt hatten, versteckten sie sich im Straßengraben und beobachteten ein Wächterhäuschen. Es schien niemand darin zu sein, also beschlossen sie, einen Blick hineinzuwerfen, um vielleicht etwas zu sichten, was die Deutschen zurückgelassen hatten. Sie waren schon ziemlich nah bei dem Wächterhäuschen, als ein Panzerwagen hinter einer Wegbiegung auftauchte und sie daraus beschossen wurden. Nur mit Mühe kamen sie mit dem Leben davon. Nach Vaters Meinung waren das Deutsche gewesen.

Der Hunger wuchs, aber da war nichts! Unsere Mägen füllten wir mit allerlei Grünzeug, mit allem, was im Wald wuchs und essbar war. Wieder einmal beschloss Vater, mit Miszka nach Nahrungsmitteln in ein Dorf zu gehen. Es muss weit nach Mitternacht gewesen sein, als sie zur ersten Hütte kamen. Sie überraschten die schlafenden Hausbewohner. Noch halb benommen vom Schlaf, fragte die Frau:

»Was seid ihr für welche? Immer noch Lust, Krieg zu spielen?«

»Gib was zum Essen raus!«, schrie Miszka. »Oder soll ich mit einer Kugel nachhelfen?«

Die Frau gab Brot, Kartoffeln, ein bisschen Milch und Mehl.

»Da habt ihr's«, sagte sie. »Esst, wohl bekomm's. Der Krieg geht bald zu Ende, die Deutschen fliehen. Nicht ganze zehn Kilometer von hier ist die Front.«

»Gebe Gott das baldige Ende«, sagte Vater und dankte fürs Essen. Sie kehrten zurück wie auf Flügeln, so froh waren sie. Als sie bei uns waren, tagte es längst. Sie rissen uns aus dem Schlaf und küssten alle unter Tränen.

»Was ist passiert?«, fragte Mama.

»Die Deutschen flüchten, die Front ist nah.«

Mama kniete nieder und wir alle folgten ihrem Beispiel. Wir beteten und dankten Gott, dass er uns bis jetzt behütet hatte.

»Nun heißt es nur noch, diese Front zu überstehen«, seufzte Mama. »Nicht dass die Deutschen uns noch bombardieren und verbrennen.«

»Alles ist in Gottes Hand«, sagte Vater und legte sich hin, um ein Nickerchen zu machen. Mama teilte uns Brot zu und gab jedem einen Schluck Milch.

»Mehr geht nicht, ihr könntet sonst krank werden, ihr habt verödete Mägen.«

Genau zur Mittagszeit flogen etliche Flugzeuge niedrig über den Wald hinweg. Wir hielten sie für Aufklärer, doch nach ein paar Minuten begannen sie, irgendwo weiter weg, Bomben abzuwerfen, vermutlich auf die Chaussee. Vater fuhr auf, und Miszka verkündete:

»Das sind die Unsrigen, die machen den Deutschen den Garaus.«

An diesem Abend blieben wir lange auf, unterhielten uns und schmiedeten Zukunftspläne. Für die Zeit, da wir frei sein würden.

Ist der Krieg zu Ende?

Die Stille, die auf einmal herrschte, verwirrte uns. Gott, ist vielleicht der Krieg zu Ende? Wir wussten nicht, was vor sich geht. Weder Kanonenschüsse noch Geräusche von vorbeifahrenden deutschen Transporten waren zu hören. Zwei Tage saßen wir tatenlos. Schließlich hielt Vater es nicht länger aus und er erklärte, losziehen und sich umschauen zu wollen, ob der Krieg nicht schon zu Ende gegangen war, während wir hier rumsaßen. Ziemlich lange blieb er weg und als er wiederkam, zeigte er seine leeren Hände vor. Er riet, wir sollten den Ort wechseln.

Mama und Tańka sammelten rasch die Sachen zusammen und wir zogen los, immer der Nase nach, wir wussten nicht, wohin. Wir gelangten zu einem schmalen Waldpfad. Dort standen wir eine Weile ratlos und überlegten, welche Richtung wir jetzt einschlagen sollten. Ich bemerkte den Abdruck von Pferdehufen, die ich Vater zeigte. Der betrachtete sie genau und sagte:

»Die Spuren führen nach rechts. Folgen wir ihnen, sie bringen uns ans Ende des Waldes.«

Wir waren sehr vorsichtig, sahen uns beim Gehen nach allen Seiten um. Ehe wir am Waldrand ankamen, hatten wir über vier Kilometer zurückgelegt. In der Ferne war ein Vorwerk zu sehen, davor erstreckten sich Felder und Wiesen. Bei diesem Anblick brach Mama in Freudentränen aus. So lange hatten wir nur Sümpfe, Morast, Himmel und

Wald zu Gesicht bekommen. Unser Pfad bog nach links ab und führte durch Felder zu einem kleinen Dorf, doch wir wandten uns nach rechts, Richtung Wald, und versteckten uns auf einer mit jungen Kiefern bestandenen Anhöhe. Von dort aus sah man das Dörfchen wie auf der flachen Hand. Mama war von dem Anblick ganz begeistert:

»Da würde ich gern hingehen und wahrsagen, wenn das nur möglich wäre.«

»Wir bleiben bis zum Abend hier«, entschied Vater. »Später machen Miszka und ich einen Ausflug ins Dorf. Vielleicht finden wir was zum Essen.«

Irgendwann vernahmen wir Pferdegetrappel. Aus dem Wald tauchten Reiter auf und ritten auf das Dorf zu. Sofort erkannten wir sie als Banderas und atmeten erleichtert auf, als sie hinter den Hütten verschwanden. Miszka ging los, um das Gelände zu sondieren. Als er nach rund zwanzig Minuten zurückkam, war er aufgebracht, regelrecht entsetzt.

»Was ist passiert?«, erkundigte sich Mama.

»Nicht weit von hier«, schnaufte er, »liegen die Leiber von ermordeten Männern, Frauen und Kindern. Nicht einmal mit Erde bedeckt. Es schnürt einem die Kehle zu. Was haben die Kinder verschuldet! Wer das getan hat, ist schlimmer als eine Bestie. Kein Mensch!«

»Du hast noch nicht viel zu sehen bekommen«, sagte Mama. »Weißt nicht, wozu die Deutschen, besonders aber die Bandera-Leute, imstande waren. Zungen abschneiden, Augen ausstechen, und wenn sie die Männer in den Tod führten, haben sie ihnen die Hände mit Stacheldraht gefesselt. Ein Tag reicht nicht aus, um all das aufzuzählen, was man uns angetan hat, die barbarischen Methoden des Tötens und des Quälens.«

»Zu diesem Dorf gehen wir nicht«, bestimmte Vater. »Es ist zu gefährlich, den Banderas so dicht auf die Pelle zu rücken.«

Das Donnern der Geschütze von der Front schien immer näher zu kommen und es fiel uns immer schwerer, Proviant aufzutreiben. In die Dörfer zu gehen hatte keinen Zweck mehr, die Leute, ausgeplündert von den Deutschen und den Partisanen, hatten einfach nichts mehr. Wir stießen auf eine Gruppe russischer Partisanen, die uns freundlich aufnahmen und uns beruhigten:

»Habt keine Angst, ihr Zigeunerlein, bald schon befreien uns wie euch die Unseren von diesem Hitlerungeheuer.«

Wir lagerten an die fünfzig Meter weit weg von ihnen und fühlten uns ein bisschen sicherer, zumal die ganze Zeit einer von ihnen Wache stand. Sogar heiterer war uns zumute. Eines Nachts fuhren die Autos noch öfter, man hörte sie die ganze Zeit. Die Russen sagten, dass die Deutschen bereits flohen. Eines Nachmittags erschienen Jagdflugzeuge. Sie flogen so niedrig, dass sie beinah die Bäume streiften.

»Unsere!«, schrie Miszka und rannte los, um sich zu vergewissern. Ich hinterher. Die Sicht war nicht besonders gut, also kroch Miszka auf eine Kiefer. Die Maschinenpistole ließ er neben dem Baum zurück, um sich das Klettern zu erleichtern. Umsichtig, damit sie keiner entwendete, hängte ich sie mir über die Schulter und machte mich ebenfalls an den Aufstieg, Miszka nach. Plötzlich tauchten weitere Flugzeuge auf, flogen dicht über den Baumwipfeln und fingen an zu schießen. Das Knattern der Maschinengewehre vermischte sich mit dem Dröhnen der Motoren zu einem mächtigen Getöse. Zunächst schien es, als hätten sie es auf uns abgesehen, doch sie beschossen die deutschen Kolonnen. Miszka stieg rasch von der Kiefer, ich auch, und im selben Moment flog ein Flugzeug über uns hinweg. Vor Schreck fiel ich vom Baum, und weil ich die Maschinenpistole hatte, zog es mich umso schneller zu Boden. Ich fiel mit dem Kopf voran, direkt in einen Schwarzdorn. Die Maschinenpistole bohrte sich in den Erdboden und nagelte mich damit fest. Allein konnte ich mich aus dieser Falle nicht befreien. Als Miszka mich loszerrte, erschrak er bei meinem Anblick, er glaubte, ich sei angeschossen worden. Mein ganzes Gesicht war blutig, vom Schwarzdorn zerkratzt. Vater schnauzte Miszka an, dass er nicht auf mich aufgepasst hatte und mich vom Baum klettern ließ, als aus dem Flugzeug geschossen wurde.

Noch im Morgengrauen marschierten die Partisanen Richtung Front. Sie wollten nicht tatenlos dasitzen und sich anhören, wie die Deutschen ringsum die Flucht ergriffen. Sie wollten sie stören bei dieser Flucht. Wir verzogen uns weiter ins Waldesinnere, denn in Chausseenähe war es jetzt ziemlich gefährlich. Wütend über den Misserfolg an der Front, kannten die Deutschen weder Skrupel noch Erbarmen, sie steckten sogar die Wälder in Brand.

Wie eine Familie

Gegen vier Uhr morgens begann die Kanonade. Wir sprangen auf. Man konnte meinen, der Wald fliege in die Luft.

»Das wird wohl nun unser Ende sein«, seufzte Mama. Sie drückte Staszek an sich, der heulte wie nie zuvor, und gab ihm die Brust. Das Donnern der Geschütze war so laut, dass wir einer den anderen kaum verstanden. Der Rauch von den Bomben und Granaten verschleierte das Licht der Morgensonne. Irgendwann explodierte ganz in unserer Nähe etwas so Großes, dass Erde und Äste auf uns niederprasselten. Ich wurde taub, begann zu schreien und zu weinen. Vater ergriff mich, nahm mich in den Arm und beruhigte mich, dass das nur vorübergehend ist, dass ich später wieder hören werde, doch ich sah bloß, wie er die Lippen bewegte. Miszka befahl, wir sollten uns alle hinlegen, und in dem Augenblick explodierte das nächste Geschoss, noch dichter bei uns, seine Splitter flogen über unsere Köpfe hinweg. Miszka packte meine Hand und schrie:

»Niunia, rasch, nichts wie weg hier!«

Wir rannten zu der Stelle, wo vor einer Weile das Geschoss explodiert war. Es war eine ziemlich tiefe Grube. Die Explosionskraft war so stark, dass sie junge Bäume entwurzelte. Miszka sprang mit mir zusammen in diesen Trichter und rief die anderen zu uns. Als wir alle beisammen waren, tröstete er uns:

»Geschosse fallen nie zweimal auf dieselbe Stelle.«

Über zwanzig Minuten war es die reinste Hölle, danach brach eine solche Stille an, als befänden wir uns in einer anderen Welt. Allmählich erlangte ich mein Gehör wieder, aber noch klangen mir mächtig die Ohren. Auf einmal preschten etliche Wildschweine hervor und jagten direkt auf uns zu. Miszka schnappte sich das Gewehr und schoss, traf aber nicht. Er machte damit die Rotte scheu, die in eine andere Richtung floh. Wir saßen verstört und hofften zu Gott, dass sich das nicht wiederholte. Miszka aber zuckte in einem fort mit den Schultern, bis Mama schließlich fragte, was los ist.

»Sieh mal nach, Jewdonia«, bat er und zog die Uniformbluse und das Hemd aus.

Der Rücken war ganz blutig, ein Granatsplitter hatte ihn getroffen, zum Glück war die Wunde nicht tief. Vater brachte Wegerich und Mama legte die Blätter auf die gesäuberte Wunde und verband sie mit einem sauberen Lappen.

Eine halbe Stunde nach der Kanonade setzte sich auf dem Haupttrakt die Militärkolonne in Bewegung. Sie fuhr Tag und Nacht. Vater meinte, wir müssten wissen, wer da fuhr – Deutsche oder vielleicht schon die Russen. Er zog mit Miszka los, um es auszukundschaften. Sie stahlen sich bis dicht an die Straße heran und – trauten den eigenen Augen nicht: Panzer und Geschütze und auf den Lastwagen, fast schwarz von Staub und Dreck, russische Soldaten. Miszka wollte zu ihnen auf die Straße springen, aber Vater schrie:

»Bist du verrückt? Woher sollen die wissen, dass du ein Russe bist und keiner von den Banderas? Sie erschießen dich.«

Schnell kehrten sie wieder zu uns zurück. Vater rief aus: »Wir werden leben.« Er konnte nicht weitersprechen, etwas schnürte ihm die Kehle zu und seine Augen füllten sich mit Tränen. Alle brachen in Freudentränen aus und hüpften wie die Kinder.

»Lassen wir nun die Wälder hinter uns«, sagte Vater nach einer Weile. »Die Wälder, die uns wie Vater und Mutter beschützt und vor dem Tod bewahrt haben.«

Alle knieten wir nieder und dankten Gott im Gebet, dass er uns am Leben gelassen hat. Mama nahm eine Handvoll Erde aus dem Bombentrichter und machte ein Stoffbündelchen daraus. Als Glücksbringer, wie sie bekräftigte.

Bei der Straße angekommen, ließ Vater Mama mit den Kindern vorgehen, damit nicht geschossen wurde. Denn wenn sie Männer sahen, von denen keiner wusste, wer sie waren, mochten sie in ihrer Wut zu schießen anfangen.

»Weißt du, Niunia«, sprach Mama gerührt, »ich habe mich richtig an diese Wälder und an dieses Leben gewöhnt, obwohl wir hier Sachen erlebten, die übermenschliche Kräfte gekostet haben. Und Tag für Tag den Tod vor Augen.«

Vater sagte nichts, auch wenn er vermutlich ähnlich dachte. Als wir schon dem Straßengraben nahe waren, zögerten wir noch für einen Moment, um sicherzugehen, ob es tatsächlich Russen waren und nicht irgendwelche Verkleideten. Mama bekreuzigte sich, drückte Staszek an die Brust und trat auf die Straße hinaus, und wir mit ihr. Die Wagen, die Kriegsgerät zogen, hielten nicht an, nur die Soldaten winkten uns zu. Als Vater und Miszka aus dem Graben kletterten, hielt bei uns ein Geländewagen. Darin vier Militärpersonen, einer darunter von hohem Rang, denn er hatte Tressen mit großen Sternen auf den Ärmeln.

»Wer seid ihr?«, fragte er auf Russisch.

»Wir sind Zigeuner«, erwiderte Mama. »Zehn Monate lang haben wir uns in den Waldsümpfen vor den Deutschen und den Bandera-Leuten versteckt, vor Hunger und Kälte wären wir fast krepiert. Aus unserer Familie haben viele von der Hand der Banderas und in den Gettos den Tod gefunden ...«

»Ich weiß«, unterbrach sie der Offizier. »Alles Leid, das sie angerichtet haben, wird von uns gerächt werden.«

Er wandte sich an seinen Kameraden, sagte etwas zu ihm und der reichte ihm eine Militärtasche mit Dokumenten und Stempeln. Er zog ein großes ledergebundenes Heft heraus, schrieb etwas auf Russisch, brachte den Stempel an und gab es Vater mit den Worten:

»Dieses Papier berechtigt euch, von der Militärküche Gebrauch zu machen und von der Sanitätsstelle. Ihr habt das jetzt nötig. Und Ihr da, in Uniform, wer seid Ihr?«, wandte er sich an Miszka.

Der stand stramm und salutierte:

»Ich bin ein Verstreuter von der Front, Herr General.«

»Meldet Euch beim nächsten Militärstützpunkt«, befahl der General, und vorm Abfahren gab er Mama ein ganzes Säckchen mit Soldatenzwieback.

Wir gingen den Weg, den auch die Militärkolonne nahm. In Kürze hielt ein weiterer Geländewagen bei uns an und ein weiterer Offizier erkundigte sich nach dem Wer und Wohin. Vater zeigte das Dokument vor und der Offizier hielt einen Lastwagen an und befahl, uns zur nächsten Verpflegungsstelle zu bringen. Die Soldaten, mit denen wir fuhren, starrten vor Dreck und in ihren Augen lagen tiefe Erschöpfung und Wildheit. Ein paar redeten mit uns

Kindern, strichen uns über die Köpfchen und sprachen von den eigenen Kindern und ihrem Zuhause. Sie fuhren uns zu einem kleinen Dorf, wo sich die Hilfsstelle befand. Dort bekamen wir nur Suppe zu essen. Die Russin mit der Rot-Kreuz-Armbinde erklärte uns, dass wir mindestens einen Tag lang nur Suppe essen dürften, weil wir so ausgezehrt waren. Dass wir nach einer größeren Menge gehaltvollerer Nahrung krank werden könnten. Sie gab uns Zwiebäcke, ein paar Brote, Konserven und Zucker. Miszka meldete sich, wie der General befohlen. Sie nahmen ihn zur Reserve, gaben ihm eine neue Uniform. Wir warteten auf ihn. Als er zu uns kam, brachte er kein Wort heraus, sondern weinte nur wie ein kleines Kind und wir mit ihm. Er bat uns, noch einen Tag mit ihm zusammenzubleiben. Wir erfüllten ihm den Wunsch. Wir seien für ihn die beste Familie auf der Welt, hätten mit ihm zusammen die Hölle durchlebt, was ihm immer in Erinnerung bleiben werde.

Miszka sollte drei Tage ausruhen und dann an die Front fahren. Nach Berlin. Er gab uns seine Adresse.

»Falls ich bis zum Ende des Krieges am Leben bleibe«, versprach er, »wenn es mir so bestimmt ist ... wenn Gott mich überdauern lässt«, ein Blick zu Mama, »finde ich euch, und sei es am anderen Ende der Welt.«

Anderntags brachen wir nach Włodzimierz auf. Wir nahmen sehr lange Abschied. Wir haben Miszka niemals wiedergesehen. Es kam auch keine Nachricht von ihm. Sicher ist er an der Front gefallen.

Ein Zazulak

Im Sommer 1944 brach Ryszard Krzyżanowski-Jaworski (der Sohn von Vaters Bruder Wańka) auf, um uns zu suchen. Als er Richtung Beresteczko fuhr, sah er einen ganzen Transport russischen Militärs, der an der Straße haltgemacht hatte, um auf die Verpflegung zu warten. Die Feldküche qualmte und Essensgeruch breitete sich in der ganzen Gegend aus. Ebenso gut konnte er selbst in den Genuss kommen, überlegte er. Er hielt auf der gegenüberliegenden Seite, nahm das Zaumzeug ab, warf dem Pferd ein wenig Futter hin und wartete. Bald trat ein stattlicher, schwarzhaariger Russe auf ihn zu, musterte ihn und fragte, ob er Zigeuner sei. Als Rysiek bejahte, freute er sich und gestand, ebenfalls Zigeuner zu sein, aus der Sippe der Zazulaken. Er hockte sich nieder und fing an von seiner Familie zu erzählen, davon, wie viele durch deutsche Kugeln den Tod gefunden hatten. Rysiek redete ihm zu, das Militär hinter sich zu lassen und zu den Seinen zu flüchten, zu den Zigeunern.

»Ich kann nicht, die schnappen mich sofort und bringen mich vors Kriegsgericht. Und das verurteilt mich zum Tode. Ich bin Leutnant, habe eine Menge Leute unter mir.«

Rysiek jedoch blieb hartnäckig:

»Keiner erwischt dich. Ich habe die Papiere von meinem Bruder, damit kannst du untertauchen.«

Nach langem Zureden erklärte sich der Zazulak einverstanden, mit Rysiek zu flüchten. Und sie verabredeten, wie und wo man sich treffen sollte. Der Zazulak sagte noch:

»Warte hier, ich hol ein paar Segeltuchumhänge. Die können wir gebrauchen. Und Fleisch hole ich auch.«

Rysiek legte dem Pferd das Zaumzeug an, während sich der Zazulak umdrehte und zu einem Auto ging. Plötzlich ein Riesenknall. Beim Durchqueren des Grabens war er auf eine versteckte Mine getreten, die ihn in Stücke riss. Rysiek konnte sich das nicht verzeihen. Er fühlte sich schuldig am Tod des Zazulaken, weil er ihn zur Flucht überredet hatte. Bis zum heutigen Tag werden ihm die Augen feucht, wenn er an die Begebenheit zurückdenkt.

Landschaft mit Leichen

Wir gingen zu Fuß. Manchmal nahmen uns Soldaten mit oder Bauern, die mit einem Fuhrwerk in dieselbe Richtung unterwegs waren. Vom Hauptweg abzukommen war gefährlich. Nach ein paar Tagen gelangten wir nach Rasławice, dem Dörfchen, aus dem wir vor über zwölf Monaten geflohen waren. Viele polnische Familien dort waren ermordet worden, das Dorf war beinah leer. Mama wollte unbedingt nachsehen, ob die Scheune noch stand, in der wir gehockt hatten. Als wir den Hof betraten, wollte Tańka nicht weiter mit, sie bettelte, wir sollten doch so schnell wie möglich weg von hier und von den tragischen Erinnerungen. Das Haus war leer, alles ringsum trostlos und bedrückend. Beim Verlassen des Dorfes stießen wir auf einen Menschen, der uns fragte, wohin wir wollten. Vater wusste aus Erfahrung, dass man in diesen Zeiten Leuten, denen man zufällig begegnete, besser nicht die Wahrheit sagte, und so log er:

»Wir gehen von Dorf zu Dorf und suchen die Unsern.«

»Lasst das lieber sein«, warnte der Fremde. »Es sind unruhige Zeiten, es grassieren allerlei Banden und euch kann Schlimmes passieren.«

Von Rasławice kannte Vater schon den Weg nach Włodzimierz. Mama drang darauf, nirgends abzubiegen, aus Furcht, sie könnten uns jetzt ermorden, nachdem wir den Krieg überlebt hatten. Wir gingen schon ein wenig schneller, hatten etwas mehr Kraft, doch unser Aussehen hatte sich nicht geändert – wir sahen aus, als kämen wir aus Auschwitz.

Wir folgten den Bahngleisen, Züge fuhren keine mehr, die Partisanen hatten die Schienen herausgerissen, und kamen auf die Brücke, von der sich der Anblick einer so schönen Gegend bot, als hätte es hier niemals Krieg gegeben. Ich schaute hinunter und da sah ich auf einmal viele Ermordete. Die Leichen lagen am und im Wasser. Eine Leiche machte an sich keinen Eindruck auf mich. In den Wäldern kamen wir jeden zweiten Tag an Ermordeten vorbei, besonders nach Razzien und Treibjagden, doch so viele auf einmal hatte ich noch nie gesehen. Als Wind aufkam, war der Gestank furchtbar.

»Papa, was sind das für Leichen?«, fragte ich. »Ihre Uniform hat eine andere Farbe.«

»Das sind Ukrainer, die in der deutschen Wehrmacht gedient haben.«

Der Anblick war grauenvoll, nicht zu beschreiben.

»Bestimmt haben sie diese Brücke bewacht und dafür ihr Leben verloren«, fügte Vater noch hinzu.

Wir waren schon fast einen halben Tag unterwegs, die Beine wollten nicht mehr so recht, darum setzten wir uns hin, um ein wenig auszuruhen. Wir verzehrten ein paar Zwiebäcke und wollten gerade wieder aufbrechen, als aus dem Gebüsch drei Männer mit Gewehren auf uns zusprangen. Sie schrien auf Ukrainisch, wir sollten uns nicht rühren, umringten uns und befahlen, alles, was wir hatten, vorzuzeigen. Nachdem sie uns durchsucht und nichts gefunden hatten, was sie interessierte, verschwanden sie wortlos wieder in den Büschen. Rasch setzten wir unseren

Weg fort, vor Angst rannten wir beinah. Wir wanderten bis zum späten Abend, die Beine taten uns schon schrecklich weh. Endlich legten wir uns schlafen, auf freiem Feld, bei einer großen Pappel. Mit dem Morgengrauen rafften wir alles zusammen und marschierten weiter. Die Sonne stand schon hoch, als wir bei einem großen Dorf ankamen. Da fragten wir Leute, wie weit es noch bis Włodzimierz ist.

»Ein paar Werst«, antworteten sie.

Unterwegs kamen wir überein, später in Włodzimierz das Häuschen zu suchen, aus dem wir geflohen waren. Aus Neugier, um zu sehen, ob es noch existiert. Und wenn ja, könnten wir uns vielleicht dort aufhalten. Wir fanden ohne Mühe dorthin, doch das Häuschen war restlos zerstört worden. Wir wandten uns an die Stelle, wo sich die Geschädigten einfanden. Dort erhielten wir den Hinweis auf ein leeres Haus.

»Zieht ein und lebt«, sagten sie.

Zum ersten Mal seit Monaten schliefen wir unter einem Dach. Wir konnten nicht einschlafen in den vier Wänden, uns fehlte die Weite, die Luft. Gleich früh begab sich Vater in die Stadt, auf die Suche nach Landsleuten und um sich überhaupt ein Bild davon zu machen, was vor sich geht, was weiter zu tun ist. Er traf einige Zigeuner, die ihm erzählten, dass sie am Tag zuvor Dyżko Wajs gesehen hätten. Erfreut kam Vater zurück, wusste er doch jetzt, dass einige aus der Familie überlebt hatten und nun zu dem Ort zurückkehrten, von dem sie geflohen waren, und dass sie, genauso wie wir, nach der Familie suchten. Mit jedem Tag kehrten mehr Zigeuner nach Włodzimierz zurück. Anderntags gleich nach dem Frühstück gingen Vater und Mama zusammen in die Stadt, um nach den Ihren zu suchen.

Ein paarmal gingen sie am Getto vorbei, das jetzt frei, leer und düster war. Schon auf dem Rückweg, bemerkte Mama Zigeuner. Sie holten sie ein und dann war die Freude groß: sie hatten Dyżko und Papusza getroffen.

»Die, die überlebt haben«, sagten sie, »sind schon nach Hrubieszów gefahren, und wir fahren auch dorthin. Kommt mit uns. Wir haben nur einen Wagen und ein Pferd, aber irgendwie schaffen wir das schon. Noch ein paar Tage werden wir uns hier umsehen, vielleicht wurde noch wer gerettet. Wartet hier in Włodzimierz, jemand kommt euch holen.«

Anderntags erschien Rysiek Krzyżanowski-Jaworski. Er hatte Pferd und Wagen von Vaters Schwester Bronisława, Mucha genannt, ausgeliehen und nahm uns mit nach Hrubieszów. Jeden Tag fand sich jemand aus unserer Familie wieder, viele jedoch waren von Deutschen und Banderas ermordet. In den Gettos und in den Wäldern.

Niemo

Als wir so im Wald standen bei Hrubieszów, bekamen wir Besuch von Vaters Cousins Niemo, Kalo und Parno mitsamt ihrer Großmutter Pućka. Es war sehr fröhlich und vergnügt. Man schrieb den Herbst 1944, in diesen Gebieten ging der Krieg zu Ende. Auf einer Lichtung breiteten die Frauen einen großen Kelim aus, die Männer brachten Wodka aus dem Laden und das erste Nachkriegsfestmahl nahm seinen Anfang. Die einen sangen vor Freude, weil sie lebten, andere beweinten die Ermordeten. Gemäß unserer Tradition wurde für die Verstorbenen viel Wodka auf die Erde gegossen. Das Feiern währte mehrere Tage.

Niemo war die ganze Zeit in der AK* gewesen. Er machte kaum einen Hehl daraus, weil er dachte, so wie wir alle, dass für Polen zu kämpfen eine große Ehre ist. Wir wussten nicht, dass die Kommunisten diese Organisation als für Polen nicht rühmenswert ansahen. Als uns an einem sonnigen Morgen Miliz und Militär einkreisten, erschraken wir sehr. Sie kontrollierten alle Männer, ließen sich die Papiere zeigen, fragten, wer wo während der Okkupation gewesen war. Wer bei seiner Aussage durcheinandergeriet und ihnen verdächtig vorkam, wurde zur Seite befohlen, später nach Hrubieszów mitgenommen und aufs Militär-

---

* AK – Armia Krajowa (Heimatarmee, mit der poln. Exilregierung in London verbunden)

kommando gebracht. Nach den Verhören ließen sie die meisten wieder frei, mit Ausnahme dreier junger Männer, unter ihnen Niemo. Am darauffolgenden Tag gingen die Frauen, um deren Freilassung zu erbitten.

»Die Deutschen haben doch schon genug von uns ermordet«, versuchten sie die Milizionäre zu überzeugen, »lasst uns wenigstens jetzt in Frieden.«

Nach vielen Verhören ließen sie am dritten Tag die anderen zwei frei. Niemo brachten sie nach Łódź ins Gefängnis. Großmutter Pućka ging täglich hin und fragte, wann sie ihren Enkel rauslassen, und sie bekam zu hören:

»Bald, die Zigeunerin kann schon immer zu den Zelten zurück.«

Später ließen sie Pućka nicht mehr ins Kommissariat, verjagten sie und wollten nicht heraus mit der Sprache. Inzwischen waren seit der Verhaftung zwei Wochen vergangen. Eines Tages kamen zwei Zigeunerwagen aus Łódź.

Nach längerer Unterhaltung kam die Rede auf Niemo. Eine der Zigeunerinnen sagte, dass sie beim Wahrsagen gesehen hatte, wie sie einen jungen Zigeuner ins Gefängnis brachten.

»Als er mich sah«, erzählte sie, »hat er in unserer Sprache gerufen, dass er Zigeuner ist und Niemo heißt. Weiter ließen sie ihn nicht reden, schlugen auf ihn ein.«

Pućka brach in Tränen aus. Sie verübelte es Gott und der Welt, dass unsere Familie so hart gestraft war.

»Nicht genug, dass die Deutschen ihm Vater und Mutter ermordet haben«, sprach sie, »jetzt machen die Polen dasselbe und quälen ihn dafür, dass er sein Leben riskiert hat, als er für Polen gegen die Deutschen kämpfte.«

Tags darauf fuhr Pućka mit etlichen Zigeunerinnen nach

Łódź. Nachdem das Gefängnis gefunden war, wo Niemo festgehalten wurde, bat sie um eine Besuchserlaubnis, doch davon konnte gar keine Rede sein. Ein Wachmann riet ihr, zum Kommandanten des Gefängnisses zu gehen. Sie hörte auf seinen Rat. Als sie sich dem Kommandanten als Niemos Großmutter vorstellte, seine nächste Angehörige, weil die Deutschen dem Jungen die Eltern ermordet hatten, erlaubte er ihr, ihn zu sehen, aber nur für zehn Minuten. Sie brachten Pućka zu Niemo. Er saß in einer Einzelzelle. Als er die Großmutter sah, weinte er vor Freude.

Sie konnten nicht viel miteinander reden, denn die ganze Zeit war ein Wärter anwesend. Es gelang ihm, auf Zigeunerisch gerade so viel zu sagen, dass sie ihn die ganze Zeit prügeln, weil er in der Heimatarmee gedient hat, und dass es wohl schwierig für ihn werden wird, aus dem Gefängnis freizukommen. Hier schnauzte ihn der Wärter an und verbot ihm, auf Zigeunerisch zu reden. Pućka schwatzte drauflos, wie das Zigeunerinnen so tun:

»Man sieht gleich, dass der Herr ein guter Mensch ist. Möge mir der Herr erlauben, noch ein bisschen zu bleiben. Der Herr sieht schließlich selber, dass dies ein junger Mensch ist, der das Leben noch vor sich hat. Ihn hierbehalten, weil er sich mit den Deutschen geschlagen hat? Eine Belohnung solltet ihr ihm geben und nicht ihn einsperren.«

»Eine Belohnung kriegt er bestimmt, sie überprüfen ihn nur«, erwiderte der Wärter.

Pućka bekam, weil sie dem Gefängniskommandanten wahrsagte, für zweimal wöchentlich eine Besuchserlaubnis. Inzwischen war ein Monat vergangen und Niemo saß immer noch. Eines Tages, als Pućka ins Gefängnis kam, hieß man sie Mittwoch wiederkommen, und man versprach ihr, ihren Enkel dann sehen zu dürfen. Als sie das Gebäude verließ, trat ein Mann auf sie zu und sagte:

»Großmutter, ihn lassen sie nicht frei. Ich habe auch da gesessen, gestern erst haben sie mich rausgelassen. Eine Zeitlang bin ich mit Niemo in einer Zelle gewesen und habe sie sagen hören, dass sie diesen Zigeuner liquidieren sollen.«

Pućka wäre beinah ohnmächtig geworden. Kaum zu beschreiben, was in unserem Lager vor sich ging, als wir diese Nachricht bekamen. Mehr als ein Dutzend Zigeunerinnen und Zigeuner – unter ihnen Kalo, Parno, Wańka, mein Vater und noch ein paar Personen aus der Familie – fuhren von Hrubieszów nach Łódź zum Gefängnis, doch die Ordnungskräfte verjagten sie. Da wussten die Zigeuner, dass es mit Niemo ein schlimmes Ende nehmen würde. Doch die Zigeunerin Pućka entstammte einer Sippe, die auch den Teufel nicht fürchtete. Sie machte auf der Stelle kehrt und ging zum Kommandanten, der ihr die Besuchserlaubnis gegeben hatte. Als sie zu Niemo hineinging, warf er sich ihr an den Hals und küsste sie und sagte, dass sie sich wohl nicht mehr wiedersehen werden, er weiß, dass man ihn töten wird. Der Gefängniswärter hieß sie sich verabschieden. Pućka weinte, fluchte und schrie:

»Gott soll euch dafür strafen, dass ihr einem so jungen Menschen das Leben nehmen wolltet!«

Niemo sagte:

»Gib mir einen Schluck zu trinken, Großmutter.«

Er wusste, dass Pućka immer ein kleines Fläschchen Wodka bei sich trug. Sie zog es aus der Schürzentasche und reichte es Niemo. Der trank ein Viertel des Fläschchens in einem Zug. Schließlich trennte man Großmutter und Enkel. »Leb wohl, Großmutter!«, gelang ihm noch aus voller Kehle zu schreien: »Jaćhen Dawłesa!«*

Pućkas Gesicht war tränenüberströmt, als man sie aus dem Gefängnis warf.

»Mörder!«, schrie sie. »Noch einen Sohn habt ihr mir ermordet, den ich an Mutter statt aufzog.«

Nach Jahren erfuhren wir, dass Niemos Verbrechen darin bestand, dass er in der Heimatarmee gedient hatte, einer Volkspolen und der Sowjetunion feindlichen Organisation. Jeden AKowiec** erwartete dafür der Tod. Und darum ist Niemo gehenkt worden.

---

* »Bleib mit Gott!«
** AK-Mitglied

Ein Schuss wider Willen

Wir fuhren nach Zamość. Dort trafen wir fast alle aus unserer Familie und auch viele andere Zigeuner, die wie wir die Ihren suchten. Unsere Ältesten hatten beschlossen, dass wir in Zamość überwintern und sobald der Krieg aus ist und die Lage wieder normal, ziehen wir sommers mit dem Tross. Das Häuschen, das wir bewohnten, befand sich an der Ecke zweier Straßen. Es war teilweise zerstört. Nur ein Zimmer und die doppelt so große Küche waren in gutem Zustand, die übrigen Räumlichkeiten eigneten sich nicht zur Nutzung. Es gab keinen Strom, unsere Rettung waren der gusseiserne Ofen in der Küche und eine Petroleumlampe. Hin und wieder, wenn es an Petroleum fehlte, machte Mama eine Funzel, goss Fett in ein kleines Behältnis und setzte einen Docht, aus Leinen gefertigt, mitten hinein. Eines Tages brachte Vater einen russischen Leutnant mit, der uns das Licht in der Wohnung reparieren sollte. Ich spielte auf dem Hof und der Rest der Kinder saß mit Tańka zu Hause. Mama war noch nicht vom Wahrsagen zurück. Der Leutnant zog den Militärmantel aus, die Mütze, den Gürtel und die Militärbluse. Das Gewehr, eigentlich eine zehnschüssige Maschinenpistole, legte er aufs Bett und stieg mit Vater auf den Boden, um nach Kabeln zu fahnden, die in die Wohnung führten.

Zu diesem Zeitpunkt erschien unser Cousin Stefcio. Als er die Militäruniform sah, zog er die Jacke aus und begann mit der Anprobe – zunächst der Militärbluse, dann des Mantels und zum Schluss der Mütze. Schon ganz in dieser Verkleidung, nahm er die Waffe, lehnte sie an die Schulter und zielte direkt auf Tańkas Kopf. Sie fing an zu schreien, er solle nicht solche Scherze machen, mit einer Waffe wisse man nie, was passieren kann.

»Aber ich mach durchaus keine Scherze«, lachte Stefcio, »ich will dich erschießen.«

Doch irgendetwas störte ihn an dem Militärmantel. Folglich legte er die Maschinenpistole wieder aufs Bett und rückte den Gürtel zurecht. Ich unterdessen – wer weiß, was mich verlockt hat, Gott hat es wohl so gewollt – kehrte vom Hof ins Haus zurück. Wie ein Wilder stürmte ich ins Zimmer und schnappte mir, ohne zu überlegen, die Maschinenpistole vom Bett. Ich konnte sie kaum heben, aber ich hob sie so hoch, wie es mir eben gelang, und offenbar in dem Moment zog ich unbewusst am Abzug, denn die Waffe ging los. Der Knall war so gewaltig, dass ich buchstäblich ertaubte. Die Geschosse flogen Tańka um den Kopf und blieben in der Wand neben dem Bild des Herrn Jesus stecken, das Vater im Wald gefunden hatte. Tańka stürzte zu Boden, ich warf die Maschinenpistole hin und rannte schreiend in den Hof hinaus:

»Ich habe meine Schwester umgebracht!«

Bei dem lauten Knall stürmten Vater und der Leutnant vom Dachboden herunter. Schreckensbleich fragte der Russe, ob jemand getötet worden ist. Als er sah, dass alle lebten, setzte er sich hin und bat um Wasser. Sein Blick fiel auf den verschreckten Stefcio und er sagte:

»Steht dir gut, die Uniform!«

Stefcio bat beschämt den Leutnant um Verzeihung, zog

rasch die Uniform aus und stürzte aus dem Zimmer. Tańka weinte und dankte Gott, dass er sie vor dem Tod bewahrt hat.

»Den ganzen Krieg habe ich überlebt«, heulte sie, »und jetzt hätte mich ein dummer Zufall beinah umgebracht.«

Als ich erfuhr, dass Tańka nichts passiert war, beruhigte ich mich ein bisschen, doch nach Hause wollte ich noch nicht, ich fühlte mich irgendwie komisch. Mama, die vom Wahrsagen zurückkam, erblickte mich ganz verheult auf dem Weg.

»Was ist los?«, fragte sie. »Warum bist du so traurig?«

Als ich ihr erzählte, was geschehen war, seufzte sie nur:

»Gott sei Dank leben alle.« Und nahm mich mit nach Hause. Vater schimpfte mich aus, aber Mama verteidigte mich:

»Wenn Edzio nicht gewesen wäre, hätte Stefcio bestimmt aus Versehen Tańka erschossen.«

Als es Abend wurde und das elektrische Licht die Stube erhellte, wurden alle fröhlicher. Der Russe wollte von Vater nicht einen Groschen nehmen für den Stromanschluss.

»Gut, dass alles so ausgegangen ist«, sagte er, »dass keiner zu Schaden kam, denn es war ausschließlich meine Schuld, weil ich die Waffe nicht gesichert habe. Eine weitere Lektion fürs Leben.«

Auf der Suche nach Großmutter

Der nächste Winter ging vorüber, es wurde Zeit, sich auf die Wanderschaft zu begeben. Noch hatte nicht jeder Pferd und Wagen. Wir gehörten zu denen, die nichts hatten. Einige behaupteten, Vaters jüngeren Bruder Filipka mit seiner Mutter, das heißt Großmutter Krzyżanowska, in Włodzimierz gesehen zu haben. Vater wollte selber nach ihr fahren, aber Mama wollte nichts davon hören. Ihrer Meinung nach sollten wir es erst zu Pferd und Wagen bringen und dann alle zusammen fahren. Eine Zeitlang quetschten wir uns auf einem Wagen bei Mucha zusammen – sie hatte vier Kinder und wir waren auch vier. Eines Tages bekam Mama fürs Wahrsagen ein schönes großes Tuch. Vater tauschte es glücklich bei einem Russen gegen ein Pferd ein, später gelang es irgendwie, einen Wagen aufzutreiben. Wir brachen nach Włodzimierz auf, zu uns gesellte sich Kazio Waszkiewicz mit Familie. Wir suchten in der ganzen Stadt nach Großmutter, doch niemand konnte uns sagen, wo sie sich aufhielt.

Wir fuhren Richtung Busk. Dort sollte Filipka mit ihrer Mutter sein, der von uns gesuchten Großmutter. Es stellte sich heraus, dass nicht nur unsere Großmutter nicht in Busk war, sondern überhaupt kein einziger Zigeuner. Dort in Busk brachte Mama meine jüngste Schwester, Regina, zur Welt. Aufgrund dessen mussten wir so lange im Städtchen bleiben, bis Mama so weit bei Kräften war, um die

Fahrt im Pferdewagen durchzustehen. Andauernd wiederholte Kazio Waszkiewicz:

»Es wird schwer sein, deine Mutter zu finden, Niunia, denn wie ich deinen Bruder kenne, hat der sie sicher irgendwo zurückgelassen und ist selber losgefahren, um sich eine Ehefrau zu suchen.«

Wir hatten zwei Zelte am Stadtrand aufgestellt. Immerfort ließ sich ein ziemlich übler Halbwüchsiger bei uns sehen, ein »żulik« (Langfinger – d. Ü.), wie die Russen einen solchen Typ nannten. Einer, der uns stibitzte, was ihm in die Finger kam. Wir waren gezwungen, die Miliz zu benachrichtigen, weil wir keine Ruhe hatten. Als die Milizionäre ihn mit aufs Kommissariat nahmen, verriet er beim Verhör, dass er Zigeuner ist und sich dafür rächt, dass die Eltern ihn bei Leuten gelassen haben und ihn bisher nicht holen gekommen sind. Während einer längeren Unterredung machten ihm die Milizionäre klar, dass er sich überhaupt nicht fragt, ob seine Eltern noch leben, ob Deutsche oder Banderas sie nicht ermordet haben.

Anderntags kam der Junge zu uns und brachte das Stibitzte in unbeschädigtem Zustand zurück. Er bat um Verzeihung und weinte bitterlich. Wir wussten längst alles über ihn, denn ein Milizionär hatte uns von ihm erzählt, mit der gleichzeitigen Bitte, nach den Eltern des Jungen zu suchen, die Marcinkowicz hießen. Der junge Bursche war jetzt sehr lieb. Er unterhielt sich mit uns in Zigeunersprache, schlief im Zelt und wollte nicht zu seinen Betreuern zurück, sondern mit uns fahren. Die Älteren rieten ihm jedoch, besser da zu bleiben, denn wenn seine Eltern lebten, würden sie ihn bestimmt holen kommen.

Nach einer Woche war Mama so weit bei Kräften, dass

sie sich mit uns auf den Weg machen konnte. Wir zogen los, um Großmutter zu suchen. Dabei kamen wir durch ein großes Dorf – an seinen Namen erinnere ich mich nicht, ich weiß nur noch, dass dort eine Militäreinheit stationiert war – und trafen unterwegs auf Soldaten, die um ein Auto, einen gewöhnlichen Geländewagen, herumstanden. Einer mit einer Armbinde hielt uns an und verlangte unsere Papiere. Zum Schluss wollte er die Dokumente für unsere beiden Pferde sehen. Vater besaß eine Erklärung von dem Bauern, mit dem er das Tauschgeschäft gemacht hatte. Für eine Militärperson hatte so etwas keine Bedeutung, wir wurden verdächtigt, die Pferde gestohlen zu haben, doch nach mehrfachem Bitten ließ er uns fahren.

Wir hatten an die fünf Kilometer hinter uns gebracht, als wir den gleichen Geländewagen bemerkten, der uns folgte. Wir wurden angehalten und man befahl uns, ohne jede Erklärung, die Pferde auszuspannen. Wir fragten: Warum? Es stellte sich heraus, dass wir die Pferde für einige Tage Feldarbeit ausleihen sollten, weil gepflügt und gesät werden musste. Vater protestierte, dass dies Unrecht sei, Willkür.

»Und als wir für euch unser Blut vergossen haben, war das auch Unrecht?«, warf wütend einer der Soldaten ein.

Sie machten die Pferde am Geländewagen fest und fuhren davon. Uns blieb nichts anderes übrig, als einen Platz für das Zelt zu finden und zu versuchen, die Pferde zurückzubekommen. Wir hängten unseren Wagen an den von Kazio Waszkiewicz, und so zog ein einziges Pferd das ganze Hab und Gut. Wir kehrten in das Dorf zurück, wo man uns angehalten hatte, an seinem Rand schlugen wir unsere beiden armseligen Zelte auf. Unverzüglich band sich Mama mit einem Tuch das Kind um die Brust und ging mit Vater zu den Soldaten. Als diese sahen, wie Mama und Vater auf das Haus zugingen, in dem vermutlich ihr Kommandeur war, kamen sie sofort heraus und fragten:

»Zu wem wollt ihr?«

»Zu eurem Kommandanten«, erwiderten die Eltern.

»Der ist heute nicht da. Wir sind hier die Kommandierer. Für euch ist hier nichts zu holen, besser ihr verschwindet von hier.«

Mama ging alle Tage dorthin, Regina an die Brust gebunden und Staszek am Händchen haltend, bis sie einmal zufällig auf den Kommandeur traf, der die Zigeunerin sah und sofort wollte, dass sie ihm wahrsagt.

»Gib mir die Hand, dann sag ich dir alles.«

Sie setzten sich auf einen Stein in Zaunnähe, und dort erfuhr er alles über seine Zukunft. Mama wusste ja, dass er der Herrgott dieses Trupps Soldaten war, und so berichtete sie ihm auch von dem Vorfall mit den Pferden. Der Kommandant regte sich nicht weiter auf, bestellte vielmehr die Eltern für die frühe Morgenstunde. Als sie dann erschienen, sahen sie angepflockt eines unserer Pferde.

»Zwei Pferde kann ich euch nicht zurückgeben«, sagte der Kommandant, »denn eines haben sie schon irgendwo zu verschachern geschafft, nur das eine konnte wiederbeschafft werden.«

Er entschuldigte sich und gab ein paar Konserven mit auf den Weg. Wir waren auch so heilfroh, dass wir wenigstens ein Pferd wiedererlangt hatten.

»Kobolz« zum Kriegsende

In unserer Nähe gab es einen kleinen Laden, wo nur Limonade verkauft wurde. Einmal schickte Mama mich dorthin. Ich nahm zwei Flaschen und ging. Es gab nur rote und grüne Limonade. Sie füllten mir damit die Flaschen, denn fertige Flaschenlimonade gab es gerade nicht. Ich freute mich, als der Herr den Hahn aufdrehte und die Flüssigkeit mit einem Zischen in die Flasche sprudelte. Ich war schon auf halbem Weg nach Hause, als ich Menschen sah, die sich versammelt hatten, fröhlich waren und sich lachend unterhielten. Nach einer Weile ertönten Sirenen in der Stadt. Ich erschrak und fing an zu rennen. Zu Hause weinten alle vor Freude und riefen lauthals, dass der Krieg zu Ende ist, die Deutschen geschlagen sind.

Das geschah noch im Mai 1945. Ja, alle freuten wir uns wie die Kinder. Wenn auch so mancher um seine Nächsten weinte, denen nicht vergönnt gewesen war, diesen freudigen Augenblick zu erleben. Eines Tages erhielten alle unsere Männer eine Aufforderung, sich im Kommissariat der Miliz einzufinden, um die Ausweispapiere vervollständigen zu lassen. Nach vielen Stunden mit Fragen, wo wer gewesen ist, in welcher Armee er gedient hat oder in welcher Partisanenabteilung, kehrten sie zu ihren Familien zurück. Vater ließen sie nach Vorzeigen der Dokumente, die ihm der russische General in den Wäldern Wolhyniens ausgestellt hatte, sofort wieder gehen. Doch unsere

Freude währte nur kurz, denn eines Tages holten sie den Zigeuner, der zugegeben hatte, in der AK gedient zu haben. Um genau zu sein, wusste er selber nicht so recht, was für eine Partisanenabteilung das gewesen war, eine der AK oder irgendeine andere.

Sie ließen ihn jedoch nicht gehen, behielten ihn viele Wochen, und zum Schluss verschwand er spurlos. Die Zigeuner waren verängstigt.

»Verschwinden wir, das ist hier eine üble Miliz, die können sich wegen sonst was auch an uns hängen.«

Alle machten sich zur Abfahrt bereit, aber man war sich nicht einig über das Wohin, jeder wollte in eine andere Richtung. Vater war böse auf die anderen, er hieß Mama alles auf den Wagen packen, spannte das Pferd an und wir fuhren nach Głubczyce. Dort sollte sich Mamas Schwester Parańka aufhalten. Als wir im Zentrum von Zamość auf der Hauptstraße waren, prallte etwas hinten gegen unseren Wagen, der sich im gleichen Moment überschlug. Auch das Pferd stürzte. Rasch eilten uns Passanten zu Hilfe. Wir rafften uns auf, waren aber immer noch wie betäubt und wussten nicht, was eigentlich passiert war. Die Leute erzählten uns, dass Russen mit einem Lastwagen über die Fahrbahn hinweg zickzack gefahren waren.

»Bestimmt waren die betrunken.« Man nickte.

»Sie sind es gewesen, die hinten auf euren Wagen aufgefahren sind.«

Mama, die so erschrocken war wie wir alle, erkundigte sich genau, ob keinem was passiert war, ob auch nichts weh tat. Da erst fiel uns auf, dass Tańka fehlte. Wir suchten nach ihr, riefen. Bald drang eine Stimme wie aus dem Erdboden hervor. Sie kam tatsächlich aus der Erde, diese

Stimme. Tańka war nämlich bei dem Zusammenstoß vom Wagen geschleudert worden und unglücklicherweise in einem abgedeckten Entwässerungsbrunnen gelandet. Als man sie herauszog, war sie mit Prellungen übersät und blutbeschmutzt, hatte sich aber zum Glück nichts gebrochen. Für die Fortsetzung unserer Fahrt war der Wagen nun ungeeignet, war in einem solchen Zustand, dass wir in unsere Wohnung zurückkehren mussten.

Uns gegenüber, auf der anderen Straßenseite, wohnte eine Witwe mit einer Tochter in meinem Alter. Es war Sonnabend. Die Dame kam mit der Tochter zu uns, dass ihr jemand doch ein Hähnchen schlachten sollte, weil sie das nicht übers Herz brächte. Zu meinem Pech war Vater nicht zu Hause, der auf diesem Gebiet ein Meister war. Die ältere Schwester sagte mir in unserer Sprache, dass ich gehen und das Hähnchen schlachten solle. Sie brachte mir noch bei, wie ich mich dabei anzustellen hätte, denn sie wusste genau, dass ich noch nie geschlachtet hatte. Vielleicht wollte sie mich ein bisschen lebenstüchtiger machen. Ihrer Meinung nach sollte man alles können.

Ich dachte an Vater, fasste Mut und ging. Als ich das Hähnchen sah, tat es mir leid. Da sollte ich nun sein Henker sein! Ich nahm es in die Hand. Das Mädchen brachte mir ein scharfes Messer, die Dame betonte noch, dass sie es extra gewetzt hätte, und sagte an die Tochter gewandt:

»Pass gut auf, wie man das macht, denn du wirst das jetzt lernen müssen.«

Ich bat um eine Schüssel für das Blut. Ich fasste das Hähnchen beim Flügel, legte ihn auf den Boden und drückte ihn mit dem Knie nieder, dasselbe machte ich mit dem anderen Flügel. Ich tat alles so, wie Vater das immer tat.

Am Ende bog ich den Hals des Hahns zurück, schabte ihm dort die Federn ab. Mir wurde immer übler, aber das Mädchen guckte wissbegierig zu – das gab mir Mut. Ich holte tief Luft und zog mit dem Messer über die Aorta. Als sich das Hähnchen mit letzter Kraft vor dem Tod zu retten versuchte, sah ich das Blut spritzen. Ich ließ los – und das Hähnchen begann bald nach rechts, bald nach links zu hüpfen, wobei das Blut nach allen Seiten spritzte. Vor Scham lief ich davon. Tagelang wollte ich mich nicht zeigen.

Mit Kameraden begab ich mich zu einem Fußballspiel, wohl das erste Fußballspiel nach dem Krieg. Danach ging jeder für sich nach Hause. Ich hatte es am weitesten und merkte jetzt, wie hungrig ich war. Ich litt, musste immerzu an Essen denken. Schließlich und endlich entschied ich mich, in irgendein Haus zu gehen und um ein kleines Stück Brot zu bitten. Ich sah, wie meine Stammesbrüder sangen, spielten und tanzten und sich nicht schämten, um Essen zu bitten, wenn sie hungrig waren. Ich beschloss, in die erstbeste Wohnung zu gehen. Im Flur stand ich vor einer Tür und überlegte, ob ich anklopfen sollte oder nicht. Ich klopfte. Die Tür ging auf, ein Mädchen, etwas älter als ich, schaute mich mit seinen schönen Augen an und fragte:

»Was willst du?«

Vor Scham machte ich auf dem Absatz kehrt und rannte ohne ein Wort auf den Hof hinaus. Ich setzte meinen Weg fort und trug den Hunger im Bauch. In einem kleinen Wurstladen sah ich durch das Fenster Würste an Haken hängen. Also, hineingehen und bitten. Ich ging hinein und die Glocke in der Tür läutete ganz von selber. Ich stand vorm Ladentisch, die Wurstringel kreiselten mir vor den Augen. Ich dachte, nimm dir einen Ringel, davon wird der

Besitzer nicht ärmer. So stand ich eine Weile, niemand kam. Irgendwie fehlte mir der Mut. Ich verließ den Laden und begab mich zur Rückseite, wo man mich nicht gleich entdecken würde.

Auf der Hofseite war der Laden aus einer Wohnung umgebaut. Als ich mich bei den Abstellkammern einfand, keine Spur mehr von einem Wurstringel, bloß eine große Schüssel Butter, mit einem Löffel dekoriert, befand sich mitten auf dem Tisch. Ich stand da und starrte auf diese Butter, schließlich grub ich meine rechte Hand hinein wie ein Habicht seine Klauen, bemüht, so viel zu fassen zu kriegen wie nur irgend möglich. Rasch steckte ich die Hand in die Hosentasche und warf mich in die Flucht. Nach etwa hundert Metern blieb ich stehen, zog die Hand aus der Tasche – leider, keine Butter, geblieben war nur ein großer Fettfleck auf der Hose. Weitere solcher Ausfälle zum Hungerstillen unterließ ich.

Vater kaufte für mich einem russischen Soldaten für ein paar lumpige Groschen eine dreireihige Ziehharmonika ab. Ein paar Tage musste er leiden, weil ich so lange das Instrument malträtierte, bis ich endlich mit der rechten Hand eine kleine Melodie zustande brachte. Die ganze Familie war zufrieden und bewunderte mich, dass ich es so schnell geschafft hatte. Vater konnte spielen, aber auf einer zweireihigen und nicht dreireihigen Ziehharmonika. Als er sah, dass ich mit der linken Hand nicht zurechtkam, beschloss er, mir zu helfen. Er nahm eine Schnur, band die Finger meiner linken Hand an seine, schob unsere beiden Hände hinter den Gurt der Harmonika und begann den Bass zu spielen. Bei diesem Anblick lachten Mama und der Rest der Familie Tränen.

Den Pferdewagen zu reparieren dauerte zwei Wochen, und als er endlich fertig war, zogen wir los wie zuvor geplant. Zusammen mit uns brach Kazio Waszkiewicz auf, der mit Vater befreundet war auf Gedeih und Verderb.

Wie wir die Dębickis wurden

Im Sommer fuhren wir nach Lwów; in Zamarstynów stand ein großer Tross vom Stamm der Lowari, russischer Zigeuner. Bei ihnen machten wir halt. So war es fröhlicher und sicherer. Immer öfter wurde davon gesprochen, dass die Russen die Grenze zu Polen schließen wollen. Ein paar Tage später erwarb Vater zu unserem einen noch ein weiteres Pferd hinzu. Eines Tages fand er auf einem Jahrmarkt Filipka wieder, doch ohne Großmutter, die Filipka irgendwo hatte zurücklassen müssen. Er sagte, Großmutter würde nach Lwów kommen.

Wir hatten keinerlei Personalpapiere. Vater verdoppelte, verdreifachte sich, um etwas mit polnischem Familiennamen zu ergattern. Nach großen Anstrengungen gelang es ihm, für die zwei Pferde von dem Zigeuner Michaj Madziarowicz Dokumente auf den Namen Dębicki zu kaufen. Seit diesem Zeitpunkt hießen meine Eltern Weres und Franciszka Dębicki. Die Vornamen der Kinder blieben die alten, bloß mit der Festlegung der Geburtsdaten war das so eine Sache.

In Zamarstynów blieben wir etwa einen Monat. Alle Zigeuner rüsteten sich zur Abreise nach Polen, nur dass wir kein Pferd hatten. Mama ging täglich auf den Jahrmarkt wahrsagen, Vater verdiente als Kenner bei der Vermittlung von Pferden. Wir blieben allein unter der Obhut von Tańka. Täglich aßen wir Vollkornbrot und tranken frische Milch direkt vom Bauern. Von Tag zu Tag sahen wir besser aus, rundeten sich unsere Wangen, wurden sogar kindlich rosig. Nach einer gewissen Zeit konnte Vater endlich ein Pferd erwerben.

»Es taugt nicht viel für eine weite Reise«, beklagte er, »aber gemächlich wird es uns an die Grenze ziehen.«

Wir waren beinah schon abfahrbereit, da machten sich meine Wenigkeit, Tańka und die Ziehtochter des alten Kazio Waszkiewicz, Danka, nach Lwów auf, zum Basar. Wir gingen von Stand zu Stand und sahen uns alles an. Einer Händlerin kamen wir verdächtig vor. Als sie herausfand, dass wir Zigeuner waren, stimmte sie ein Geschrei an, dass wir Diebe sind und ihre Marktbude bestehlen wollen. Auf der Stelle tauchte die Miliz auf und nahm uns ohne Federlesen mit aufs Kommissariat. Unterwegs versuchten wir zu erklären, dass wir keine Diebe sind und nicht die Absicht hatten, irgendetwas zu stehlen. Sie wollten uns nicht anhören. Nur einer bemerkte obenhin:

»Das könnt ihr im Kommissariat klären.«

Sobald wir im Milizgebäude angelangt waren, befahlen sie uns, in einer Ecke an der Wand auf einer Holzbank Platz zu nehmen. Verschreckt saßen wir da, über eine halbe Stunde. Keiner interessierte sich für uns. Wenn ein Milizionär hereinkam und uns sah, schmunzelte er. Bestimmt waren unsere verstörten Mienen der Grund dafür. Schließlich erschien der Kommandant und fragte den Diensthabenden:

»Was ist denn das für eine Kinderschar?«

»Das sind Zigeuner. Wollten was stehlen auf dem Basar.«

»Oj, dafür wandert ihr ins Kittchen«, lachte er.

Vor Angst baumelte ich mit den Beinen. Unter der Bank

standen einige Tonkrüge mit Milch für die Festgenommenen. Aus Versehen stieß ich mit dem Fuß gegen einen davon, der Krug zerbrach, und die ganze Milch floss heraus. Jetzt schnauzte uns der Kommandant an. Wir bekamen Lappen und den Befehl, aufzuwischen. Danach hießen sie uns verschwinden. Kaum auf der Straße angelangt, rannten wir los, als hätten wir uns verbrüht.

»Los, in die Straßenbahn«, schnaufte Tańka, »da sind wir schneller in der Straße, von der wir es am nächsten nach Zamarstynów haben.«

Wir stiegen in die erstbeste Straßenbahn. Wir hatten Geld für die Fahrscheine, doch es herrschte ein solches Gedränge, dass wir nicht hineinkamen, sondern auf den Trittbrettern draußen standen. Wir kamen nicht weit. An der ersten Haltestelle Kontrolle und wir zurück zur Miliz, weil Kinder nicht auf den Trittbrettern fahren durften, und für das Fahren ohne Fahrschein. Als der Kommandant, der von zuvor, uns erneut vor sich sah, brach er in Gelächter aus und sagte:

»Ihr seid mir vielleicht ein paar Vögelchen! Macht kaum ein paar Schrittchen, und schon hat euch die Miliz beim Wickel. Jetzt sperre ich euch ein, bis eure Eltern für euch Strafe zahlen. Erst dann lassen wir euch laufen.«

Die Mädchen fingen an zu weinen. Der Kommandant musterte uns und nach einem Weilchen fragte er, ob wir singen und tanzen könnten. Im Chor bejahten wir.

»Na, dann singt und tanzt!«

Ich begann auf dem Kinn zu spielen – den linken Daumen legte ich gegen das Kinn, der linke kleine Finger berührte den rechten Daumen, und mit den übrigen Fingern fächelte ich, wobei ich Töne von mir gab. Danka sang und

Tańka tanzte. Nach diesem Auftritt ließ man uns gehen. Als wir wieder bei den Zelten waren, bekamen wir von den Eltern ebenfalls einen Anranzer, weil wir uns allein in eine so große Stadt gewagt hatten.

Der Weg nach Polen

Der Winter 1945 auf 1946 traf uns in Skałat an, einem kleinen Städtchen bei Tarnopol. Großmutter fanden wir nicht, dafür stießen wir auf Mamas Bruder. Die Freude war riesengroß, so lange hatten sie sich nicht gesehen. Vater hatte von einem Bekannten, einem Ukrainer, eine Wohnung gemietet. Kazio wohnte mit seiner Familie in einem Zimmer auf der anderen Flurseite. Der Wohnungsinhaber hatte eine schöne Tochter, schwarz wie eine Zigeunerin, die ganze Tage Zigeunertanz lernte, weil sie mit uns in die Welt hinaus fahren wollte. Es gab Gerüchte, dass Filipka in Lwów ist. Wir warteten auf den Frühling, um dorthin zu fahren. Mamas Bruder wollte mit uns nach Polen, für immer, doch im Frühling holten sie ihn zum russischen Militär. Vater und Mama bemühten sich nach Kräften, doch ließ sich eine Freistellung nicht bewerkstelligen. Sobald der Onkel ins Militär geriet, verlor sich seine Spur. Mama weinte in einem fort, wenn sie an ihn dachte.

Erneut befanden wir uns in Lwów. Vater handelte mit Pferden und das Glück war ihm hold. Endlich handelte er eins aus, das uns entsprach. Es konnte losgehen. An dem Tag weckte uns Mama sehr früh. Es war kalt, obschon es bereits April war. Vater entfachte kein Feuer, Eile war geboten, denn der Weg bis zur polnischen Grenze war weit. Mama gab uns jedem einen Becher Milch und ein Stück Schwarzbrot. Die Zigeunerinnen von den Madziarowicz' stopften dicke Federbetten in die Wagen. Kazio Waszkiewicz stand bereit zur Abfahrt, Vater spannte das Pferd an, als es plötzlich laut wurde im Lager. Zunächst waren nur Verwünschungen zu hören, später hörte man jemanden sagen, dass den Madziarowicz die Pferde abhandengekommen waren, die auf einer Weide unweit des Lagers geweidet hatten. Die Reise nach Polen wurde abgeblasen. Sechs Pferde waren verschwunden, darunter das eine, das uns gehörte.

Die Madziarowicz waren russische Zigeuner vom Stamm der Lowari. Für die damaligen Zeiten waren sie reich, während wir uns kaum aus dem Elend aufgerappelt hatten. Als mein jüngster Onkel, Filipka, auf dem Markt in Lwów erschien, bezog er Prügel von den Madziarowicz, weil die in ihm den Pferdedieb sahen. Was nicht der Wahrheit entsprach. Er war zum fraglichen Zeitpunkt nicht einmal in Lwów gewesen. Zudem verbieten Zigeunergesetz und -tradition, dass sich Zigeuner untereinander bestehlen. Der Madziarowicz-Clan erkannte das nicht an, weil bei ihnen etwas andere Ge- und Verbote verbindlich sind. Die Lowari unterliegen nicht unserem Richter des Zigeunergesetzes. Für uns war die Denkweise der Madziarowicz eine große Überraschung. Besonders ärgerlich war, dass sie Filipka nicht einmal erlaubten, sich zu rechtfertigen.

Zwei oder drei Tage nach dem Diebstahl tauchten nachts zwei mit Maschinenpistolen bewaffnete Männer auf. Ob es Banderas oder die Pferdediebe waren, wussten wir nicht. Sie kamen erst zu unserem Zelt, weil das gleich am Anfang stand. Am Zelt hatten wir einen Schäferhundwelpen angebunden. Beim Anblick der Fremden fing er an zu bellen. Ohne zu zögern, erschossen ihn die Männer.

Wir waren aufgebracht, doch die sagten nur:
»Wollt ihr auch? Das lässt sich machen.«
Als jedoch die Zigeuner anhuben zu schreien, ergriffen sie die Flucht. Wir blieben noch einen Monat, Vater sprach nicht gern mit Madziarowicz, aber wir mussten warten. Vater war der Ansicht, dass es mit einem großen Tross leichter werden würde, die Grenze zu überschreiten. Die Eltern fuhren täglich zum Markt, wo Papa mit Pferden handelte und Mama wahrsagte.

Während sich die älteren Zigeuner mit ihren Sorgen herumschlugen, freundete ich mich mit einem Jungen namens Łasio (der Gute) an. Łasio tanzte gut »nach Zigeunerart« und mich unterrichtete er täglich in dieser Kunst. Wenn uns langweilig wurde, stibitzte mein Freund seiner Mama Geschirr, das wir dann bei einem Bauern gegen Obst eintauschten. Es war so angenehm, im Gras zu liegen und sich an Früchten satt zu essen. Bis zu dem Moment, da Łasios Mutter auffiel, dass ihr Geschirr fehlte. Eines Tages, es sollte gerade ein schöner Schmortopf verschwinden, wurde Łasio auf frischer Tat ertappt. Von seinem Vater bezog er eine Tracht Prügel und unsere Spritztouren nahmen ein jähes Ende.

Und dann kam schließlich doch noch der Tag der Abreise. Mama bekreuzigte sich und uns hieß sie es ihr gleichtun. Im Tross waren an die fünfzig Wagen. Wir fuhren den ganzen Tag, unterbrochen nur für kurze Pausen, um die Pferde zu versorgen. Es wurde Abend, man brauchte irgendwo ein Nachtlager. Wir fuhren auf eine große Weide. Wer konnte, schlug schnell sein Zelt auf, wer kein Zelt hatte, schlief auf dem Wagen. Vater machte ein provisorisches Zelt aus dem großen Leinentuch, das Mama fürs Wahrsagen von einer Ukrainerin bekommen hatte. Es gab nichts zum Essen außer dem Schwarzbrot und einem bisschen Milch. Gleich am Morgen setzten wir den Weg fort. Schlugen die Richtung zum Grenzübergang bei Przemyśl ein. Als wir schon an der Grenze waren, befanden sich unser Wagen und der von Kazio Waszkiewicz direkt am Ende des Trosses. Auf einmal kam Wania, ein junger Zigeuner, angelaufen und bat, dass man ihn unter den Federbetten versteckte, weil er keine Papiere hatte. Das bedeutete ein großes Risiko, denn wenn man ihn fand, konnten wir alle zurückgewiesen werden und Vater im Gefängnis landen. Doch wie soll man einem Menschen nicht helfen? Wania kroch unters Federbett, Mama setzte die Kinder obendrauf, und wir passierten ohne größere Kontrollen die Grenze.

In Przemyśl standen wir mit dem Lager der Madziewicz zwei Tage. Dann erfuhren wir, dass Mamas Schwester, Paraskiewia, sich in Głubczyce aufhielt. Wir fuhren zu ihr. Gemeinsam überwinterten wir dort von 1946 auf 1947 und schlossen uns im Frühling den Wajs' in Wrocław an. Michaj Madziarowicz mit seinem Tross fuhr nach Lublin und dort blieb er für länger.

Blutige Tränen.
Was wir unter den Deutschen in Wolhynien im 43. und 44. Jahr erduldet

Im Wald ohne Wasser und Feuer – ein Hungern.
Wo schlafen die Kinder? Es gibt keine Zelte.
Wir dürfen des Nachts uns kein Feuer entfachen,
bei Tag gäb der Rauch wohl den Deutschen ein Zeichen.
Wie leben mit Kindern in Winterskälte?
Alle sind barfuß ...
Als uns die Deutschen ausrotten wollten,
holten sie uns vorerst zu schwerster Arbeit.
Ein Deutscher kam nächtens zu uns Zigeunern:
Etwas Schlimmes will ich euch berichten:
Sie wollen euch töten noch heute Abend!
Sagt's keinem weiter;
bin ein schwarzer Zigeuner,
von eurem Blute – wahr und wahrhaftig!
Gott mög euch schützen
im schwarzen Walde ...
Die Worte sprach er
und küsste alle ...

/.../

Tag um Tag gibt's nichts zu essen,
auch schlafen gehen alle hungrig.
Die Augen wollen sich nicht schließen,
schau'n in die Sterne ...

Gott, wie schön ist's zu leben.
Die Deutschen woll'n unser Leben.

Ach, du mein Sternchen!
Wie scheinst du so mächtig!
Blende die Deutschen!

Greif ihre krummen Wege!
Zeig keinen guten,
weis ihnen den falschen,
damit leben kann das Juden- und Zigeunerkind!

/ ... /

Wenn der große Winter naht,
was macht die Zigeunerfrau mit ihren kleinen Kindern?
Woher nehmen ein Kleidchen?
Längst fällt alles vom Leibe,
man möchte nur sterben.
Niemand kennt, allein der Himmel,
bloß der Fluss hört diese Weinen.
Wessen Augen sahen uns im Bösen?
Welche Lippen haben uns verflucht?
Erhör sie nicht, Gott,
erhör unser Flehen!
Kalt brach die Nacht an,
die Alten sangen
ein Zigeunermärchen:
Goldner Winter wird kommen,
der Schnee wird fallen auf die Erde, die Hände
wie kleine Sterne.

Schwarze Augen erfrieren.
Es sterben die Herzen.

So viel Schnee ist gefallen,
bedeckte die Wege,
nur die Milchstraße am Himmel war noch zu sehen.

In dieser Frostnacht
stirbt die kleine Tochter,
vier Tage später
vier Söhnchen der Mutter
begraben im Schnee.

Schau, Sonne, wie ohne Dein Zutun
das Zigeunerkleine vor Kälte stirbt
im riesigen Walde!

Einmal zu Hause der Mond stand im Fenster,
ließ mich nicht schlafen. Wer schaute herein?
Ich fragte: Wer ist da?
Öffne die Tür mir, meine schwarze Zigeunerin.
Ich sehe – ein schönes Judenkind tritt ein,
bebt und erzittert
und bittet um Essen.
Arm bist du, mein Jüdlein!
Ich gab ihr Brot, ein Hemd, was ich hatte.
Wir vergaßen beide, dass nicht weit
sind Gedarmen.
Aber sie kamen diese Nacht nicht zu uns.

Alle Vögel
für unsre Kinder beten,
dass böse Menschen, böse Schlangen sie nicht töten.
Ach, du unser Schicksal!
Mein unglücklich Glück!

Schnee fiel so reichlich wie Blätter,
hielt unsern Weg auf,
so groß war der Schnee, dass er Räder verschlang.

Unsre Füße mussten die Spur niedertreten,
unsre Hände die Wagen durchbringen,
hinter den Pferden.
Wie viel Elend und Hunger!
Wie viel Trauer und Wege!
Wie viel spitzes Gestein in die Füße sich bohrte!
Wie viel Kugeln uns um die Ohren flogen!

Bronisława Wajs-Papusza

Die Familie Dębicki

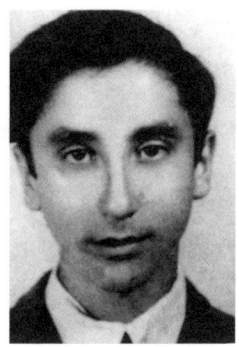

Edward Dębicki
1949 oder 1950

Edward Dębicki
beim Klavierspiel

Franciszka Dębicka –
Mutter des Autors

Regina Dębicka –
Schwester des Autors

Adela Dębicka –
Schwester des Autors

(Władysław Krzyżanowski)
Weres Dębicki –
Vater des Autors

Janina Dębicka – älteste
Schwester des Autors

Genowefa Dębicka –
Schwester des Autors

Kało Korzeniowski –
ein Cousin der Wajs und
des Vaters des Autors

Jan Krzyżanowski –
der Bruder des Vaters
vom Autor

Karol Siwak

Die Familie Krzyżanowski

Filip Krzyżanowski

Antoni Krzyżanowski –
Bruder von Dionyzy Wajs

Terenty Jankiewicz mit
Sohn Roman

Zigeunerwagen

Zoga Jaworski (sitzend), daneben links seine Frau

Ryszard Jaworski

Das Orchester der Wajs

Bronisława Wajs –
Papusza spielt auf der Harfe

Papusza

Papuszas Bruder

Stehend von links: Papusza, Zofia Wajs, Aniela Wajs,
ein Cousin der Wajs; sitzend von links: Dionyzy Wajs, Roman Wajs,
Papuszas Mutter, Katarzyna Zielińska mit den Söhnen;
in der linken unteren Ecke der Vater der Wajs

Zu dieser Ausgabe

Edward Dębicki studierte nach dem Krieg Musik, als Akkordeonist und Komponist feiert er mit seinem Ensemble »Terno« seit 1955 in Polen und international große Erfolge. Seit 1989 initiiert und leitet er das Festival »Romane Dyvesa«, zu dem einmal im Jahr Musiker aus Polen und aller Welt zusammenkommen. Für seine Verdienste um die Kultur der Roma erhielt Dębicki zahlreiche Auszeichnungen. Heute lebt er mit seiner Familie in Gorzów Wielkopolski.

Seine hier erstmals auf Deutsch vorliegenden Erinnerungen an die Jahre der Wanderschaft und die deutsche Besatzung Polens erschienen 2004 auf Polnisch unter dem Titel *Ptak umarłych*, sie entstanden auf Anregung des Dichters Jerzy Ficowski.

Das Gedicht »Blutige Tränen. Was wir unter den Deutschen in Wolhynien im 43. und 44. Jahr erduldet« stammt von Bronisława Wajs-Papusza (1910–1987), der bekannten Dichterin und Tante Edward Dębickis, deren Nachlass er heute mit einer Stiftung pflegt. In seinen Erinnerungen beschreibt der Autor das außergewöhnlich Schicksal von Papusza (*Püppchen*), ihr Portrait ist auf Seite 269 abgebildet, die Fotografie auf Seite 268 zeigt sie beim Harfenspiel.

Die Fotos auf den Seiten 261–269 stellen weitere Mitglieder der Familien Krzyżanowski und Wajs beziehungsweise

Dębicki dar, alle Bilder stammen aus dem privaten Besitz Edward Dębickis.

Die Übersetzung folgt mit der Verwendung der Wörter *Zigeunerin* und *Zigeuner* auf Wunsch des Autors der polnischen Ausgabe (*cyganka* bzw. *cygan*).

Erste Auflage Berlin 2018
Copyright © 2018 Friedenauer Presse GmbH,
Göhrener Str. 7, 10437 Berlin
Alle Rechte vorbehalten

Gestaltet von Pauline Altmann, Berlin

Umschlag nach einer Idee von Karin Wolff

Gesetzt aus der Rabenau

Die Herstellung übernahm Hermann Zanier, Berlin

Gedruckt bei Pustet, Regensburg

ISBN 978-3-932109-86-7

www.friedenauer-presse.de